Ivan Turgenev

First Love & Mumu

첫사랑 & 무무

Retold by Kay Sam Shephard

발 행 인	민 선 식
펴 낸 곳	THE TEXT A YBM COMPANY
초판발행	2008년 12월 31일
3쇄발행	2015년 1월 12일
등록일자	2012년 4월 12일
등록번호	제300-2012-60호
	서울시 종로구 종로 104
	TEL (02) 2000-0515
	FAX (02) 2271-0172
Copyright	©2008 THE TEXT
ISBN	978-89-92228-98-5
인터넷 홈페이지	http://www.ybmbooks.com

머 리 말

21세기 현대 생활 전반에서 영어는 큰 비중을 차지하고 있으며, 영어 실력은 한 사람을 평가하는 중요한 척도로 자리 잡았습니다. 영어 실력을 배양하기 위해서는 완전하면서도 자연스러운 원어민의 말과 글을 많이 접하고 느껴야 합니다.

이를 위해 YBM/Si-sa 가족인 THE TEXT는 세계 문학사에 빛나는 작품들을 엄선하여 The Classic House를 펴내게 되었습니다. 세계적인 명작들은 숨가쁜 현대를 살아가는 우리들에게 글 읽기의 즐거움과 함께 그 심오한 사고의 깊이로 시대를 초월한 감동을 선사합니다.

그러나 이들 문학 작품들이 탄생한 시대의 문체와 현대의 문체 사이에는 큰 차이가 있어서 영어를 사랑하는 사람들도 접근하기가 힘든 점이 있습니다. 이에 THE TEXT는 원작의 내용을 그대로 살리면서 보다 쉽고 간결한 문체로 원작을 재구성하여, 독자 여러분이 명작의 감동을 그대로 느끼면서 현대 영어를 자연스럽게 체득할 수 있도록 배려하였습니다.

The Classic House가 독자 여러분의 영어 실력 향상뿐 아니라 풍부한 정서 함양과 문학적, 문화적 교양을 배양하는 데 큰 도움이 되기를 기대합니다.

이 책의 특징

폭넓은 독자층 대상 고등학생, 대학생, 일반 성인 등 다양한 독자들이 쉽게 접근할 수 있는 영어 수준으로 구성하였습니다. 부담 없이 읽는 가운데 영어실력이 향상됩니다.

읽기 쉬운 현대 영어로 전문 재구성 영어권 작가들이 원작의 분위기와 의도를 최대한 살려서, 고전적인 문체와 표현을 현대 영어로 바꿔 이해하기 쉽게 다시 집필하였습니다.

친절한 어휘해설 및 내용설명 오른쪽 페이지의 주해(Footnotes)를 통해, 본문 어휘풀이뿐 아니라 내용 이해에 필요한 상황설명과 문화정보(Cultural tips)도 함께 제공합니다.

유려한 우리말 번역 영어 본문 뒤에 「명작 우리글로 다시읽기」를 실었습니다. 훌륭한 번역서의 기능을 하며, 해당 영문의 페이지도 표시하여 찾아보기 쉽도록 하였습니다.

본문 표현을 활용한 생활영어 권말에는 「명작에서 찾은 생활영어」가 있습니다. 영어 본문에서 생활영어로 활용 가능한 표현이나 문장을 뽑아 상세한 해설과 함께 실었습니다.

원어민이 녹음한 MP3 file www.ybmbooks.com에서 원어민이 영문을 낭독한 MP3 파일을 무료로 다운로드 받아 읽기 능력뿐 아니라 듣기 능력과 발음이 향상되도록 하였습니다.

이 책의 활용법

Listening Casually 본격적으로 책을 읽기에 앞서 MP3 파일을 들으면서 책의 내용을 추측해 봅니다. 들리지 않는 단어가 나오더라도 본문을 참고하지 않도록 합니다.

Reading Through 영어 본문을 본격적으로 읽습니다. 문장을 읽다 간혹 모르는 단어가 나오더라도 멈추지 않고 이야기의 흐름을 파악하는 데 중점을 두면서 읽습니다.

Reading Carefully 오른쪽 페이지 하단의 주해와 책 말미에 있는 「명작 우리글로 다시읽기」를 참고하여 문장의 정확한 의미 파악에 주력하며 다시 한번 영문을 읽습니다.

Listening Carefully 상기한 3단계를 거치며 영문의 의미를 파악한 다음, 이전에 들리지 않았던 영문이 완전히 들릴 때까지 MP3 파일을 반복해서 청취합니다.

Speaking Aloud MP3 파일을 자신이 따라할 수 있는 속도로 조절해 가면서 원어민의 발음, 억양, 어투 등에 최대한 가깝게 발성하면 회화에 큰 도움이 됩니다.

Speaking Fluently 「명작에서 찾은 생활영어」를 통해 실생활에 유용하게 쓰일 수 있는 회화 표현들을 자연스럽게 익혀 유창하게 말할 수 있도록 합니다.

저자소개

이반 세르게이예비치 투르게네프
(Ivan Sergeyevich Turgenev) 러시아, 1818~1883

러시아 오룔(Oryol) 시(市)에서 출생한 투르게네프는 모스크바 대학과 상트페테르부르크 대학에서 문학과 철학을 수학한 후 독일에 유학했다. 귀국 후 내무부에 근무하던 중 서사시 「파라샤(Parasha, 1843)」로 등단하였으며, 그 후 당대 러시아 사회를 통렬하게 묘사한 소설들을 발표했다.

1857년 첫 장편소설 「루딘(Rudin)」을 발표하며 작가로서 기반을 굳힌 투르게네프는 이어 장편소설 「귀족의 보금자리(Home of the Gentry, 1859)」, 「전야(On the Eve, 1860)」, 「아버지와 아들(Fathers and Sons, 1862)」, 「연기(Smoke, 1867)」, 「처녀지(Virgin Soil, 1877)」 등과 중·단편 소설 「사냥꾼의 수기(A Sportsman's Sketches, 1847~1852)」, 「무무(Mumu, 1854)」, 「첫사랑(First Love, 1860)」, 「봄의 물결(Torrents of Spring, 1872)」 등 많은 주옥 같은 작품들을 남겼다.

특유의 철학적이고 섬세한 성격 묘사를 통해 19세기 중반 정신적으로 무너져 가는 귀족사회와 농노제도의 비인간성을 비판했던 투르게네프는 오늘날 톨스토이(Tolstoy), 도스토예프스키(Dostoevskii)와 함께 러시아 문학의 3대 거장으로 추앙받고 있다.

작품소개

투르게네프는 자신의 개인적 경험과 철학을 등장인물의 진솔한 성격 해부와 섬세한 심리 묘사, 독특한 대조 구도를 통한 세대 간의 갈등과 변화 속에 정교하게 그리고 있으며, 이는 러시아 리얼리즘 문학에 큰 영향을 끼쳤다. 이에 본서에서는 투르게네프의 여러 작품들 가운데 가장 널리 알려져 있고 작가의 자전적 요소가 많이 담겨져 있는 두 편의 중편소설 「첫사랑」과 「무무」를 뽑아 수록하였다.

「첫사랑」은 작가가 실제 자신의 주변인물들을 그대로 형상화한 작품으로 한 여자를 사이에 둔 아버지와 아들의 삼각관계라는 흔치 않은 소재를 통해 열 여섯 소년의 성장통을 솔직하고 아름답게 그려낸 걸작이다. 사랑은 불가항력적이고, 맹목적이며, 행복보다는 상처를 남긴다는 가슴 아픈 진실을 깨달아가는 주인공 블라지미르(Vladimir)를 통해 작가의 인생에 대한 깊은 통찰과 탁월한 심리 묘사를 느낄 수 있다.

「무무」는 횡포를 일삼는 여주인과 우둔하고 순박한 하인 게라심(Gerasim)을 통해 비인간적 농노제도와 그 속에서 희생되는 농노를 그리고 있다. 묵묵히 조국의 땅을 일구는 농노들에 대한 작가의 따뜻한 애정이 깊은 감동을 주는 한편, 농노해방운동에 앞장섰던 작가의 진보적 사회관이 여실히 드러난 작품이다.

등·장·인·물

First Love

블라지미르 Vladimir

16세의 순진한 소년으로, 남자답고 준수하지만 가정에 냉담한 아버지와 자식에 대한 애정이 없는 성마른 어머니 사이에서 외롭게 자란다. 여름을 나러 시골별장에 내려갔다가 별장 곁채에 이사온 공작부인의 딸 지나이다를 사랑하게 되나 걷잡을 수 없는 사랑의 열정과 자신의 사랑을 받아주지 않는 도도한 지나이다로 인해 마음의 상처를 입게 된다. 지나이다가 남몰래 사랑하는 사람이 있다는 이야기를 듣고 지나이다의 집 근처에 잠복하던 중 자신의 연적이 누구인지 발견하고 충격에 휩싸인다.

지나이다 Zinaïda

아름답고 개성 강한 21세의 아가씨로, 자신을 숭배하는 뭇 남자들에게 절대적인 복종을 요구하며 여왕처럼 군림한다. 하지만 블라지미르의 아버지를 사랑하게 되면서, 주변사람들을 모두 압도하면서도 한 남자에게 휘둘리고 지배당하는 모순적인 모습을 보인다. 사랑에 빠지면서 거침없고 도도하던 성격에서 벗어나 점차 열정적이고 희생적인 여성으로 변해간다.

볼데마르 Voldemar

블라지미르의 아버지로, 젊은 처녀 지나이다의 마음을 사로잡지만 차갑고 냉소적인 태도로 그녀에게 큰 상처를 입힌다. 나중에 블라지미르에게 '여자의 사랑을 두려워하거라. 그 행복, 그 독을 두려워하거라' 라는 유언을 남기고 젊은 나이에 사망한다.

Mumu

게라심 Gerasim

무뚝뚝하지만 순박한 마음을 지닌 농노로, 시골에서 불려 올라와 도시의 주인집에서 하인으로 일한다. 귀머거리에 벙어리인 자신을 바보라고 놀리며 동물 취급하는 사람들에게 거리를 두고 모든 애정을 개 무무에게 쏟던 중, 여주인의 농간으로 무무와 비참하게 이별한 뒤 주인집을 탈출해 시골로 돌아간다.

여주인 Mistress

괴팍하고 무자비한 늙은 과부로, 변덕을 부려 남을 괴롭히는 것을 낙으로 삼는다. 게라심이 사랑하는 하녀를 망나니 하인과 결혼시켜 버리고, 게라심의 개 무무도 자신을 따르지 않는다는 이유로 죽음에 이르게 한다.

타티아나 Tatiana

여주인 저택에서 일하는 하녀로, 게라심이 짝사랑한다. 하지만 여주인의 명령으로 술주정뱅이 하인 카피톤(Kapiton)과 결혼한 지 1년 만에 게으른 남편과 함께 쫓겨나다시피 저택을 떠난다.

C O N T E N T S

First Love

First Love

"My son, fear the love of a woman.
Fear that bliss, that poison."

Chapter 1

The party had broken up long ago when the clock struck half past twelve. The only people left in the room with the host were Sergei Nikolaevitch and Vladimir Petrovitch. The host rang and ordered the remains of the supper to be cleared away.

"So it's settled," he said. He sat back farther in his easy chair and lit a cigar. "Each of us is to tell the story of his first love. It's your turn, Sergei Nikolaevitch."

Sergei Nikolaevitch, a round* little man with a plump* face, looked at his host. Then he raised his eyes to the ceiling.

"I had no first love," he said at last. "I began with the second."

"How was that?" asked his host.

"It's very simple," said Sergei. "I was eighteen when I had my first flirtation* with a charming young lady, but I felt nothing for her. I was the same with the other women I courted* later on. To be honest, the first and last time I was in love was with my nurse when I was six years old. The details of our relationship have slipped my mind.* And even if I remembered them, who would be interested?"

"There was nothing much of interest about my first love either," said his host. "I never fell in love with anyone till I met Anna Nikolaevna, who is now my wife. Everything went as smoothly as possible with us. Our parents arranged the match. We were very soon in love with each other and married without delay. As you see, my story can be told in a few words. But you are both bachelors,* and no longer young. I thought you might have interesting stories to tell. Can't you entertain us with something, Vladimir Petrovitch?"

"My first love, certainly, was not an ordinary one," said Vladimir Petrovitch reluctantly.* He was a man of forty, with black hair turning gray.

"Ah!" said the host. "So much the better.* Tell us about it."

---

round 토실토실 살찐, 똥똥한 plump 살이 잘 찐, 부드럽고 풍만한 flirtation (남녀의) 희롱, 연애 유희 court 구애하다, 유혹하다 slip one's mind 잊어 버리다, 생각나지 않다 bachelor 미혼(독신) 남자 reluctantly 마지못해, 싫어하면서 so much the better 그만큼 더욱 좋다

"If you wish it... but no," said Vladimir. "I won't tell the story. I'm no good at storytelling. I either make it boring and brief, or long and complicated. If you'll allow me, I'll write out all I remember and read it to you."

His friends at first would not agree, but Vladimir Petrovitch insisted on having his own way.* A fortnight* later they were together again, and Vladimir Petrovitch kept his word.* Here is his story.

It happened in the summer of 1833, when I was sixteen. I lived in Moscow with my parents who had taken a country house* for the summer near the Kalouga gate. I was preparing for university, but I didn't work very hard and no one bothered me. I did what I liked, especially after parting with my last tutor. He was a Frenchman who had never been able to get used to living in Russia.

My father treated me with careless kindness and my mother scarcely noticed me. Although I was her only child, her attention was always focused on other matters. My father, who was still young and very handsome, had married her for financial reasons. She came from a wealthy family and was ten years older than him. She led a melancholy life and seemed always to be anxious, jealous, and angry. She never, however, showed these emotions in my father's presence. She was very much afraid of him and he was severe, cold, and distant toward her. I have never seen a more domineering[*] and self-confident man.

We left town that year for our annual holiday on St. Nicholas's day, the 9th of May. I will never forget the first weeks I spent at the country house. The weather was magnificent. I used to walk about in our garden and in the Neskutchny gardens. Sometimes I walked out beyond the town gates. I always took a book with me but I rarely looked at it. I knew a great deal of poetry by heart[*] and more often than not[*] would speak verses aloud as I strolled[*] along.

I was at that age when one's heart aches constantly. I felt a little afraid of some things and full of wonder at everything. I spent much of my

---

have one's own way 마음대로(멋대로) 하다 fortnight 2주일간 keep one's word 약속을 지키다 country house 시골에 있는 대지주의 저택, 별장 domineering 오만한, 횡포한 know... by heart …을 암기하다 more often than not 자주, 대개 stroll 산책하다, 어슬렁어슬렁 걷다

time daydreaming. I was in a constant state of expectation and I was often sad. I even wept sometimes at an especially beautiful verse or a stunning[*] sunset. But through all my tears and sadness I was filled with a delicious sense of youth and life.

I had a horse to ride. I used to saddle it myself and set off alone for long rides. Sometimes, I would break into a gallop[*] and imagine that I was a knight at a tournament.[*] I remember how the wind whistled in my ears! And when I turned my face towards the sky, I felt as if the sun's light warmed my soul.

The place where we settled for the summer consisted of a wooden manor house[*] and two small lodges.[*] In the lodge on the left there was a tiny factory that manufactured cheap wallpapers. I had more than once walked that way to look at the thin boys with tired faces who worked there. It took the combined weight of a dozen of these lads[*] to pull the levers that operated the heavy blocks[*] of the press.[*]

The lodge on the right was empty, with a "to let[*]" sign outside. One day, three weeks after the 9th of May, the blinds in the windows of this lodge were pulled up. I saw women's faces at the windows and assumed that a family had moved in.

At dinner that day, my mother asked the butler about our new neighbors. When she heard the name of the Princess* Zasyekin, she said respectfully, "Ah! A princess!" Then she added, "A poor one, I suppose?"

"They arrived in three hired carts," said the butler. "They don't have their own carriage,* and their furniture is old, cheap, and worn."

"Ah," said my mother, "so much the better."

My father gave her a cold stare and she said no more.

It seemed certain that the Princess Zasyekin could not be a rich woman. The lodge was so small and rough that even moderately well-off* people would not have chosen to live there. At the time, however, all this went in one ear and out the other. The title "princess" had very little effect on me.

---

stunning 멋진, 매력적인 break into a gallop 전속력으로 내닫다 tournament (중세 기사의) 마상(馬上) 시합 manor house 장원 영주의 저택 lodge 오두막집, 문지기집 lad 젊은이, 소년 block (인쇄) 판목(版木) press 인쇄기 to let 셋집 있음 princess (영국 이외의) 공작부인 carriage 4륜 마차 well-off 부유한

Chapter 2

I was in the habit of wandering* about our garden every evening looking for rooks.* I had always hated those sly,* greedy birds. I carried a gun with me on these excursions* in the hope of shooting at least one of them. On the day I heard that the princess had moved into the lodge, I went as usual into the garden. I saw no birds that day. But as I searched for signs of them, I passed by the low fence that separated our garden from the lodge. I was walking along when suddenly I heard a voice. I looked across the fence and was thunder-struck* by what I saw.

A few paces from me on the other side of the fence stood a tall, slender* girl in a striped pink dress. A white headscarf covered most of her hair. Four young men stood around her. As I watched, she slapped them on the forehead, one after the other, with a bunch of small flowers. I don't know the name of the flowers but they are well known to children. The blooms form little bags, and burst open with a pop when you strike them against anything hard.

The young men seemed to be eagerly awaiting the girl's attention. And in her gestures there was something so fascinating and charming that I almost cried out with admiration. I would have given everything in the world to have her strike me on the forehead too. My gun slipped on to the grass and I forgot everything. I watched with wonder her graceful neck and lovely arms and the golden hair beneath the white headscarf. I noticed her half-closed eyes and long eyelashes and the soft cheeks beneath them.

"Hey young man," said a voice near me. "Is it polite to stare at unknown young ladies?"

I was struck dumb.* Near me, on the other side of the fence, stood a man with close-cropped* black hair. At the same instant the girl turned towards me and I caught sight of* her big gray eyes. Her whole face suddenly quivered and laughed. There was a flash of white teeth and a lifting of the eyebrows. I blushed, picked up my

---

in the habit of ...ing …하는 습관이 있는 rook 떼까마귀 sly 교활한 excursion 소풍, 짧은 여행 thunder-struck 벼락을 맞은, 매우 놀란 slender 날씬한 be struck dumb 깜짝 놀라 말이 안 나오다 close-cropped 머리를 짧게 깎은 (= close-cut) catch sight of …을 발견하다, …을 힐끗 보다

gun from the ground, and ran indoors to my room. I flung myself on the bed and hid my face in my hands. My heart was thumping.[*] I was greatly ashamed and at the same time, overjoyed.[*] I felt an excitement I had never known before.

After a rest, I brushed my hair, washed, and went downstairs to tea. The image of the young girl remained with me. My heart was no longer leaping, but was full of a sort of sweet sadness.

"What's the matter?" asked my father. "Have you killed a rook?"

I was on the point of telling[*] him what I had seen, but I stopped myself.

For some reason I do not understand, I spun three times on one leg as I was going to bed. Then I oiled my hair, got into bed, and slept soundly all night. Before morning I woke up for an instant and raised my head. I looked around me in ecstasy before falling asleep again.

Chapter 3

"How can I make her acquaintance?*" was my first thought when I awoke in the morning. I went out in the garden before morning tea, but I did not go too near the fence. I saw no one. After drinking tea, I walked several times up and down the street before the house. I imagined I saw her face looking out from a window, so I hurried away in alarm.

"I must meet her," I thought, "but how?" I recalled the smallest details of my first sight of her the day before. For some reason, I had a particularly vivid memory of how she had laughed at me. I racked my brains* and made various plans, but they were unnecessary. My fate had already been decided.

While I was out walking, my mother had received a letter from her new neighbor. It was

---

thump (심장·맥박 등이) 두근거리다 overjoyed 기쁨에 넘친 on the point of ...ing 바야흐로 …하려고 하여 make one's acquaintance …와 아는 사이가 되다 rack one's brain(s) 지혜를 짜내다, 골똘히 생각하다

written on cheap gray paper and sealed* with brown wax. In this letter, which was written in illiterate* language and in a slovenly* hand,* the princess begged my mother to help her. My mother was friendly with some persons of high position on whom the fortunes of the princess and her children depended. "I ask for your help," she wrote, "as one gentlewoman to another." And she asked my mother's permission to call on* her.

My mother did not know what to do. My father was not at home and she had no one else to ask for advice. Not to answer a gentlewoman, and a princess into the bargain,* was impossible. But my mother did not know how to answer her. Russian spelling was not her strong point, and writing a note* in French seemed unsuitable. She told me to go to the princess's house and explain to her that my mother would be happy to be of service.* She begged the princess to come to see her at one o'clock.

This opportunity to call on the princess, and perhaps see the girl again, both delighted and dismayed* me. I gave no sign of my emotions to my mother, however, and went to my room to change. I put on a new tie and tailcoat[*] in preparation for my visit to the lodge.

---

seal (편지를) 봉하다, 봉인을 하다 illiterate 교양 없음이 드러난, 무식한 slovenly 단정치 못한, 꾀죄죄한 hand 필적 call on …을 방문하다 into the bargain 더군다나, 게다가 note 짧은 편지 be of service 도움이 되다 dismay 놀라게(당황케) 하다 tailcoat 연미복

Chapter 4

I trembled with emotion as I stood at the door of the lodge. The entrance opened into a narrow and untidy passage.* An old, gray-headed servant with a dark complexion* approached me. His eyes were small and piggish,* and he had deep furrows* on his forehead. He was carrying a plate containing the remains of a fish that had been gnawed at.*

"What do you want?" he said, rudely.

"Is the Princess Zasyekin at home?" I asked.

"Vonifaty!" screamed a rough female voice from within the house.

The man turned his back on me without a word and I noticed that the back of his uniform coat was threadbare.* He put the plate down on the floor and went away.

"Did you go to the police station?" called the same female voice.

The man muttered* something in reply.

"Has someone come?" I heard the woman say.

"The young gentleman from next door," muttered the servant.

"Ask him in, then," said the woman's voice.

The servant returned.

"Will you step into the drawing room?*" he said as he picked up the plate from the floor. I took control of my emotions, and went into the drawing room.

I found myself in a small and not very clean apartment. The shabby* furniture seemed to have been arranged in a hurry without any thought to its proper place. At the window in an old easy chair* sat a woman of fifty, bareheaded* and ugly. She wore an old green dress and had a striped woollen scarf about her neck. Her small black eyes stared intently at me.

I went up to her and bowed.

"I have the honor of addressing the Princess Zasyekin?" I asked.

"I am the Princess Zasyekin, and you are the son of Mr. V.?" she said.

"Yes," I replied. "I have come to you with a

---

passage 복도 complexion 안색, 얼굴빛 piggish 돼지 같은 furrow 깊은 주름살 gnaw at …을 (야금야금) 갉아먹다 threadbare (의복 · 천 등이) 닳아서 올이 드러나 보이는 mutter 중얼거리다, 투덜투덜하다 drawing room 응접실 shabby 초라한, 낡아빠진 easy chair 안락의자 bareheaded 모자를 쓰지 않은

message from my mother."

"Sit down, please," she said to me. And then she called out, "Vonifaty, have you seen my keys?"

I told Madame Zasyekin what my mother had said in reply to her note. She drummed* with her fat red fingers on the windowpane* as she listened. When I had finished, she stared at me once more.

"Very good," she said. "I'll be sure to come. But how young you are! How old are you, may I ask?"

"Sixteen," I stammered.*

The princess drew out of her pocket some greasy* papers covered with writing. She raised them right up to her nose and began looking through them.

"A good age," she said suddenly, turning around restlessly on her chair. "Do make yourself at home. We are very informal."

"I can see that," I thought, looking at her with a disgust I could not hide.

Just then, the door flew open.* In the entrance stood the girl I had seen the previous evening in the garden. She lifted her hand, and a mocking smile came to her face.

"Here is my daughter," said the princess. "Zinotchka, this is the son of our neighbor, Mr. V. What is your name, allow me to ask?"

"Vladimir," I answered, getting up, and stuttering* in my excitement.

"And your father's name?" she asked.

"Petrovitch," I said.

"I once knew a commissioner of police* whose name was Vladimir Petrovitch," she said to me. And then she shouted, "Vonifaty! Stop looking for my keys. They are in my pocket."

The young girl was still looking at me with the same smile and faintly fluttering* her eyelashes.

"I have seen Monsieur* Voldemar before," she began. The sound of her voice ran through me with a sort of sweet shiver. "You will let me call you by that name?"

"Oh, please," I stammered.

"Have you anything to do just now?" asked the girl, not taking her eyes off me.

---

drum 둥둥(퉁퉁) 두드리다 windowpane 창유리 stammer 말을 더듬다
greasy 기름이 묻은, 기름기 있는 fly open (문 따위가) 갑자기 열리다 stutter 더
듬거리며 말하다 commissioner of police 경찰국장 flutter (입술 · 눈꺼풀 등
을) 떨리게(실룩이게) 하다 Monsieur (불어) …씨, 님, 귀하

"Oh, no," I replied.

"Would you like to help me wind some wool?" she asked. "Come in here, to me."

She nodded to me and went out of the drawing room. I followed her.

In the room we went into, the furniture was a little better and was arranged with more taste.* I'm surprised that I remember my surroundings* at all because I was scarcely capable of noticing anything. I moved as if in a dream and felt a sort of intense blissfulness* that pushed all else from my mind.

The princess sat down, took out a skein* of red wool, and motioned me to a seat opposite her. She carefully untied the skein and laid it across my hands. All this she did in silence with the same bright, sly* smile on her slightly parted lips. She began to wind the wool on to a card. Then, all at once,* she dazzled* me with a look so brilliant that I had to drop my eyes. When her eyes opened to their full extent, her face was completely changed. It was as though it were flooded with light.

"What did you think of me yesterday, M'sieu Voldemar?" she asked after a brief pause. "You thought badly of me, I expect?"

"I... princess," I stammered in confusion, "I thought nothing... how can I...?"

"Listen," she said. "You don't know me yet. I'm a very strange person. I like always to be told the truth. You, I have just heard, are sixteen, and I am twenty-one. You see I'm a great deal older than you, and so you ought always to tell me the truth. And you ought to do what I tell you. Look at me. Why don't you look at me?"

I was still embarrassed and shy. However, I raised my eyes to her. She smiled, not her former smile, but a smile of approval.[*]

"Look at me," she said, softly. "I like your face. I have a feeling that we shall be friends. But do you like me?"

"Princess..." I began, "I..."

"In the first place,[*]" she interrupted, "you must call me Zinaïda Alexandrovna. And in the second place it's a bad habit for children... for young people not to say what they feel. You like me,

---

taste 풍취, 멋 surroundings 주변 상황, 환경 blissfulness 더없이 행복함 skein (실의) 타래 sly 장난기가 있는 all at once 돌연, 갑자기(= suddenly) dazzle 눈부시게 하다, 현혹시키다 approval 승인, 인가 in the first place 첫째로, 우선

don't you?"

Though I was delighted that she talked so freely to me I was still a little hurt. I wanted to show her that she was not dealing with[*] a mere boy. I tried to speak casually,[*] but seriously.

"Certainly. I like you very much, Zinaïda Alexandrovna," I said. "I have no wish to conceal it."

"Have you a tutor?" she asked suddenly.

"No," I replied, "I've not had a tutor for a long, long while."

I told a lie. It was not a month since I had parted with my Frenchman.

"Oh! I see," she said. "Then you are quite grown-up."

She tapped me lightly on the fingers.

"Hold your hands straight!" And she began winding the ball[*] of wool again.

When she was looking down, I seized the opportunity to watch her. Her face seemed even more charming than on the previous evening. Every feature was so delicate, clever, and sweet. She was sitting with her back to a window covered with a white blind. The sunshine, streaming in[*] through the blind, fell softly over her golden curls,[*] her fine neck and sloping shoulders. I gazed at her, and how near and dear she was already to me! It seemed to me I had not lived at all till I met her.

She was wearing a dark, shabby dress and an apron. I felt I would gladly have kissed every fold[*] of her garments. The tips of her little shoes peeped out[*] from under her skirt. I could have bowed down to those shoes. I adored every inch[*] of her.

"I am sitting before her," I thought. "And I have made her acquaintance... what happiness, my God!"

I could hardly keep from jumping up from my chair in ecstasy. But I only swung my legs a little, like a small child who has been given sweetmeats.[*] I was as happy as a fish in water, and I could have stayed in that room forever.

Her eyelids lifted slowly, and once more she looked at me with a kindly smile.

"How intently you look at me!" she said slow-

---

deal with (문제 등을) 다루다(처리하다)   casually 불쑥, 별 생각 없이   ball 공 모양의 것   stream in (빛 따위가) 흘러들다   curl 고수머리   fold 주름, 접은 자리   peep out 나타나다   every inch 구석구석까지   sweetmeat 사탕과자(= candy) ly.

I blushed. "She understands everything," I thought. "And how could she fail to understand and see it all?"

All at once there was a sound in the next room. It sounded like the clink[*] of a sabre.[*]

"Zina!" screamed the princess in the drawing room, "Byelovzorov has brought you a kitten."

"A kitten!" cried Zinaïda. She rose from her chair, flung the ball of wool on my knees and ran into the drawing room.

I got up too and put the skein and the ball of wool on the window sill.[*] Then I went into the drawing room. In the middle of the room, a tabby[*] kitten was lying with outstretched[*] paws. Zinaïda was on her knees[*] before it, carefully lifting up its little face. Near the old princess was a large, blonde, curly-headed young man. He was a hussar,[*] with a rosy face and prominent[*] eyes.

"What a funny little thing!" Zinaïda was saying. "Its eyes are green, not gray, and what long ears it has! Thank you, Viktor Yegoritch! You are very kind."

The hussar, who was one of the young men I

"What a funny little thing! Its eyes are green,
not gray, and what long ears it has!"

clink (얇은 금속조각·유리 등의) 땡그랑 소리 sabre 사브르, 기병도(騎兵刀) window sill 창턱, 창 아래틀 tabby 얼룩(물결) 무늬가 있는 outstretch 펴다, 뻗다
on one's knees 무릎을 꿇고 hussar 경기병(輕騎兵) prominent 돌기한, 돌출한

had seen the evening before, smiled and bowed.

"You said yesterday that you wished to have a tabby kitten with long ears," he said. "So I found one for you. Your word is law." And, as he bowed again, I heard the clink of his sabre.

The kitten gave a feeble* mew and began sniffing the ground.

"It's hungry!" cried Zinaïda. "Vonifaty, Sonia! Bring some milk."

A maid in a faded old gown came in with a saucer of milk and set it before the kitten. The kitten started, blinked, and began lapping.*

"What a pink little tongue it has!" said Zinaïda. She put her head almost on the ground and peeped at* the kitten.

When the kitten had lapped enough milk, it began to purr* and move its paws. Zinaïda got up and said to the maid carelessly, "Take it away."

"In exchange for the kitten, let me hold your little hand," said the hussar.

"Both," replied Zinaïda, and she held out* her hands to him.

While he was kissing them, she looked at me over his shoulder.

I stood and watched and did not know whether

to laugh, or to say something, or to be silent. Suddenly through the open door into the passage I caught sight of our footman,* Fyodor. He was making signs to me. I went out to him.

"What do you want?" I asked.

"Your mamma has sent for you," he whispered. "She is angry that you have not come back with the answer."

"Why?" I asked. "Have I been here long?"

"More than an hour," said Fyodor.

"More than an hour!" I repeated. I went back into the drawing room and I began to make bows.

"Where are you off to?*" asked the young princess.

"I must go home," I said. I looked at the old lady. "I am to say that my mother expects you to come to us about two."

"As you say, my good sir," she said. She pulled out her snuffbox* and inhaled the snuff* so loudly that I jumped.* "As you say," she repeated.

---

feeble (목소리 등이) 희미한, 힘없는 lap (개·고양이 등이) 핥다, 핥아먹다 peep at …을 신기한 듯이 보다 purr (고양이 등이) 그르렁거리다 hold out (손 따위를) 벌리다, 내밀다 footman (제복을 입은) 하인 Where are you off to? 어디로 갑니까? snuffbox 코담배갑 snuff 코담배 jump (놀라서) 움찔하다

She blinked tearfully and sneezed.

I bowed once more. Then I turned and went out of the room. I had that sensation of awkwardness in my spine that a very young man feels when he knows he is being watched.

"Be sure to come and see us again, M'sieu Voldemar," called Zinaïda, and she laughed again.

"Why is it she's always laughing?" I thought, as I went back home with Fyodor. He said nothing to me, but walked behind me with an air of disapproval.

My mother scolded me and wondered what I could have been doing so long at the princess's house. I did not reply and went off to my own room. I felt suddenly very sad and I tried hard not to cry. I was jealous of the hussar.

Chapter 5

The princess called on my mother as she had promised and made a bad impression on her. At dinner that evening my mother had nothing good to say about Princess Zasyekin. She told my father that the old princess was vulgar.* She had begged my mother to interest* Prince Sergei in their affairs. It seemed that she had taken up many lawsuits against a number of people. My mother had gained the impression that she was a troublesome* person. She added, however, she had asked her and her daughter to dinner the next day. After all, she was a neighbor and a person of title.*

My father informed my mother that he now remembered who this lady was. In his youth, he had known her husband, Prince Zasyekin. He was a well-bred* but silly person who had been

---

vulgar 저속한, 천박한 interest 관여하게 하다, 끌어넣다 troublesome 성가신, 귀찮은 a person of title 작위, 관직명, 학위 등이 있는 사람, 귀족 well-bred 교육을 잘 받은, 예의 바른

nicknamed in society "the Parisian." He was given this nickname because he had lived a long while in Paris. The prince had been very rich, but had gambled away[*] all his property.[*] And for some unknown reason, probably for money, he had married beneath himself.[*] After his marriage, he had taken on[*] some speculations[*] and ruined himself completely.

"If only she doesn't try to borrow money," said my mother.

"That's possible," said my father, calmly. "Does she speak French?"

"Very badly," said my mother.

"Hmm," said my father. "Well, it doesn't matter. But I think you said you had invited the daughter to dinner, too. Someone told me she is a very charming, educated, and intelligent girl."

"Ah!" said my mother. "Then she obviously doesn't take after[*] her mother."

"Nor her father either," said my father. "He was an educated man, but still a fool."

My mother sighed and did not respond. My father said no more. I felt very uncomfortable during this conversation.

After dinner I went into the garden, but without

my gun. I swore to myself that I would not go near the Zasyekins' garden, but I could not help myself. I had hardly reached the fence when I caught sight of Zinaïda. This time she was alone. She held a book in her hands and was coming slowly along the path.

She did not notice me. I almost let her pass by, but all at once I changed my mind and coughed.

She turned around but did not stop. With one hand, she pushed back the broad blue ribbon of her straw hat. At the same moment, she looked at me, smiled slowly, and then looked down at the book. I took off my cap and, after hesitating a moment, walked away with a heavy heart. Familiar footsteps sounded behind me. I looked around and saw my father approaching me with his light, rapid walk.

"Is that the young princess?" he asked.

"Yes," I said.

"Do you know her?" he asked.

"Yes," I said. "I saw her this morning at the

---

gamble away 노름으로 …을 잃다 property 재산, 소유물 marry beneath oneself 자신보다 신분이 낮은 사람과 결혼하다 take on …을 시작하다 speculation 투기, 시행 take after …을 닮다

princess's house."

My father said nothing more and turned back toward the house. When he was on a level with* Zinaïda, he made her a courteous* bow. She bowed to him with some astonishment on her face, and dropped her book. I saw how she looked at him. My father was always perfectly dressed in a simple style of his own. But he had never seemed more graceful than he did at that moment. Nor had his gray hat sat more attractively on his head of dark, curly* hair.

I began walking toward Zinaïda, but she did not even glance at* me. She picked up her book again and strolled* toward the lodge.

Chapter 6

The whole evening and the following day I spent in misery. I remember I tried to study, but I could not concentrate. I read the same words in the book ten times. I did not understand anything and threw the book aside. Before dinner, I oiled and perfumed my hair once more, and put on my tailcoat and necktie.

"What's that for?" asked my mother. "You're not a student yet, and God knows whether you'll pass the examination. And you have a new jacket! You can't throw it away!"

"There will be visitors," I murmured* in despair.*

"What nonsense!" she said. "Visitors indeed! Go and change your clothes!"

I had to do as she ordered. I changed my tailcoat for my short jacket, but I did not take off the

---

on a level with …와 동일 수준에, …와 동격으로 courteous 예의 바른, 정중한
curly 곱슬곱슬한, 고수머리의 glance at …을 흘긋(잠깐) 보다 stroll 한가로이
거닐다 murmur 중얼거리다, 투덜거리다 in despair 절망하여, 자포자기하여

necktie.

The princess and her daughter made their appearance[*] half an hour before dinner. The old lady wore, in addition to the green dress from the previous day, a yellow shawl and an old-fashioned cap. She began talking at once about her money difficulties. She sighed and complained about her poverty and asked for assistance. But she made herself at home and took her snuff as noisily as ever. She did not seem to realize that she was a princess.

Zinaïda, on the other hand, was proud and dignified and looked every inch a princess. I hardly recognized her. She wore a light-colored dress with pale[*] blue flowers on it. Her hair fell in long curls in the English fashion. It went well with[*] the cold expression[*] on her face. My father sat beside her during dinner and entertained her with calm courtesy.[*] He glanced at her from time to time[*] and she glanced at him. But their expressions were strange and almost hostile. They spoke in French. I was surprised, I remember, at the purity of Zinaïda's accent. She paid no attention to me at all.

The old princess ate a great deal, and praised

the dishes. My mother was obviously bored, and answered her with a polite lack of interest. My father faintly frowned now and then. My mother did not like Zinaïda either.

"A conceited* minx,*" she said next day. "And what does she have to be conceited about? She's no better than a working-class French girl!"

"It's clear you've never seen any working-class French girls," said my father.

"Thank God, I haven't!" said my mother.

"Thank God, to be sure," said my father. "So how can you have formed an opinion of them?"

Soon after dinner the princess got up to go.

"I'll rely on your kindness," she said sadly to my mother and father. "I've no one else to turn to!* There were good days, but they are over. I'm a princess, but it's a poor honor when one has nothing to eat!"

My father made her a respectful bow and escorted her to the door of the hall. I was standing there, sadly staring at the floor. Zinaïda's

---

make one's appearance 모습을 보이다 pale (빛깔 따위가) 엷은, 연한 go well with …와 잘 어울리다 expression 표정, 안색 courtesy 정중, 공손 from time to time 때때로, 이따금 conceited 우쭐한, 뽐내는 minx 말괄량 이, 건방진 아가씨 turn to …에 의지하다

treatment of me had completely crushed[*] me. So I was astonished when she whispered to me as she passed by.[*]

"Come to see us at eight," she said. "Do you hear me? Be sure to come."

She was already gone before I could respond.

Chapter 7

At eight o'clock, in my tailcoat and with my hair brushed, I entered the passage of the lodge. The old servant looked angrily at me and got up from his bench. There was a sound of merry voices in the drawing room. I opened the door and stepped back* in amazement.* The young princess was standing on a chair in the middle of the room. She held a man's hat in front of her and around the chair crowded five men. They were trying to put their hands into the hat, which she held above their heads. When she saw me, she cried, "Another guest! He must have a ticket too!" She leapt lightly* down from the chair and took my arm.

"Come along," she said, "why are you standing there? Messieurs, let me introduce M'sieu Voldemar, the son of our neighbor." She then

---

crush (정신·희망을) 꺾다　pass by 옆을 지나다　step back 물러서다　in amazement 놀라서, 어처구니 없어서　lightly 가볍게

introduced her other guests as Count* Malevsky, Doctor Lushin, Meidanov the poet, Nirmatsky the retired captain, and Byelovzorov the hussar. I had met the hussar already. "I hope you will be good friends," she said.

I was so confused that I did not even bow to anyone.

"Count Malevsky!" said Zinaïda. "Write M'sieu Voldemar a ticket."

"That's not fair," said the count. He was handsome and fashionably dressed, with expressive* brown eyes and a slight Polish accent. "This gentleman has not been playing forfeits* with us."

"It's unfair," agreed Nirmatsky. He was a man of forty, pockmarked* and curly-headed as a Negro. He was dressed in a military coat, which he wore unbuttoned.

"Write him a ticket, I tell you," said the young princess. "M'sieu Voldemar is with us for the first time, and there are no rules for him yet. It's no use grumbling.* Write the ticket. I wish it."

The count shrugged his shoulders but bowed. Then he took the pen, tore off a scrap of paper and wrote on it.

"At least let us explain to Mr. Voldemar how the game is played," said Lushin sarcastically. "Otherwise he won't know what to do. Do you see, young man, we are playing forfeits? We each take a ticket and the one who draws[*] the lucky ticket has the privilege of kissing her hand. Do you understand what I've told you?"

The young princess jumped up on the chair again, and began waving the hat. They all stretched up to her, and, after some hesitation, I joined them.

"Meidanov," said the princess to a tall young man with a thin face, "you are a poet and ought to be generous. Give up your ticket to M'sieu Voldemar so that he may have two chances instead of one."

But Meidanov shook his head in refusal. I was the last to put my hand into the hat. I unfolded my ticket and could not believe it when I saw on it the word, Kiss!

"Kiss!" I could not help crying[*] aloud.

---

count (영국 이외의) 백작 cf. earl (영국의) 백작 expressive 표정이 풍부한 forfeit 벌금; pl. 벌금(벌칙) 놀이 pockmarked 마맛자국이 있는 grumble 투덜거리다, 불평하다 draw 뽑다, 뽑아 맞히다 cannot help ...ing …하는 것을 피할 수 없다, …하지 않을 수 없다

"Bravo! He has won it," the princess said quickly. "How glad I am!" She came down from the chair and gave me such a sweet look, that my heart leapt. "Are you glad?" she asked me.

"Me?" I stammered and did not know what to say.

"Sell me your ticket," said Byelovzorov in a whisper. "I'll give you a hundred roubles."

I gave the hussar such an indignant* look, that Zinaïda clapped her hands.*

"He's a fine fellow!" cried Lushin. "But, as master of the ceremonies,* it's my duty to see that all the rules are kept. M'sieu Voldemar, go down on one knee.*"

Zinaïda stood in front of me with her head a little on one side. She held out her hand to me with dignity. A mist passed before my eyes. I meant to drop on one knee but sank on both, and pressed my lips to her fingers. I was so clumsy* and awkward that I scratched myself a little with the tip of her fingernail.

"Well done!" cried Lushin, and helped me to get up.

The game of forfeits went on. Zinaïda sat me down beside her. She invented all sorts of extra-

I meant to drop on one knee but sank on both,
and pressed my lips to her fingers.

indignant 분개한, 성난 clap one's hands 박수를 치다 master of cere-
monies (사교모임 · 쇼 따위의) 사회자 on one knee 한 쪽 무릎을 꿇고 clum-
sy 서투른, 재치가 없는

ordinary forfeits! The laughter never stopped for an instant. For me, a boy brought up in a dignified manor house, the noise and excitement were intoxicating.[*] My head began to spin as though I had taken too much wine. I began laughing and talking louder than the others. I felt so happy that I did not mind the teasing and suspicious looks of the others. Zinaïda continued to show me a preference,[*] and kept me at her side.

In one forfeit, we both had our heads hidden under one silk handkerchief. I was to tell her my secret. I remember our heads being in a warm, half-transparent, fragrant darkness. I vividly recall the brightness of her eyes in the dark, and the breath from her parted lips. The ends of her hair tickled my cheek and I felt as if I were burning with fever. I was silent. She smiled mysteriously and at last whispered to me, "Well, what is your secret?" I merely blushed and laughed, and turned away, catching my breath.[*]

After a while we got tired of forfeits and began to play a game with a string. My God! Imagine my delight when, for not paying attention, I got a sharp slap on my fingers from her. What didn't we do that evening! We played the piano, and sang and danced. Nirmatsky was dressed up as a bear, and made to drink salt water. Count Malevsky showed us several sorts of card tricks. Meidanov recited* verses from his poem, The Manslayer.* They dressed up old Vonifaty in a woman's cap, and the young princess put on a man's hat.

Byelovzorov sat in the background and refused to take part in these games. He seemed angry. Sometimes his eyes looked bloodshot* and he flushed* all over. It seemed every minute as though he would rush at us all and break up our fun. But the young princess would glance at him, and shake her finger, and he would retire into his corner again.

We were quite worn out* at last. Even the old princess felt tired, and longed for peace and quiet. At midnight, supper was served. It consisted of a piece of stale* dry cheese, and some cold pies of minced ham. I thought they were more delicious than any pastry I had ever tasted.

---

intoxicating 취하게 하는, 도취케 하는 preference 특혜, 편애 catch one's breath 헐떡이다, 잠시 숨을 가다듬다 recite (시 · 산문 등을 청중 앞에서) 읊다, 낭송하다 manslayer 살인자 bloodshot (눈이) 충혈된, 핏발이 선 flush (얼굴 · 볼이) 확 붉어지다 worn out 기진맥진한 stale (빵 등이) 딱딱해진

Finally, tired out and faint with happiness, I left the lodge. Zinaïda pressed my hand warmly as we parted, and smiled mysteriously at me again.

The night air was heavy and damp in my face after the warmth of the lodge. A storm seemed to be gathering. Black clouds grew and crept across the sky and a gust of wind* swept through the dark trees. Somewhere, far away on the horizon, I heard the sound of thunder.

I made my way* up to my room by the back stairs. My old servant was asleep on the floor, and I had to step over him. He woke up and saw me, and told me that my mother had been very angry with me for staying out so late.

I told my servant that I would undress and go to bed by myself, and I put out the candle. But I did not undress, and did not go to bed. I sat down on a chair, and stayed there for a long while. What I was feeling was so new and so sweet. I sat still, hardly looking around and not moving. I took slow breaths, and from time to time laughed silently at some recollection.* Occasionally I turned cold within at the thought that I was in love. The image of Zinaïda's face floated slowly before me in the darkness. Her lips still wore the same smile and her eyes still had the tender[*] look as at the moment I parted from her.

At last I got up and walked on tiptoe[*] to my bed. Without undressing, I laid my head carefully on the pillow but did not even close my eyes. Soon I noticed faint glimmers[*] flashing through the window. It was a storm, but it was so far away that I could not hear the thunder. The only sign was the lightning flashing continually over the sky. I got up, went to the window, and stood there till morning. The lightning never ceased for an instant.

As morning began to dawn,[*] patches[*] of crimson[*] appeared in the sky near the horizon. As the sun rose higher, the lightning grew gradually paler. The flashes were fewer and fewer, and they vanished at last as the day grew brighter.

---

a gust of wind 한 바탕 부는 바람, 질풍, 돌풍 make one's way 앞으로 나아가다 recollection 회상, 상기 tender 다정한, 상냥한 on tiptoe 발끝으로, 발소리를 죽이고 glimmer 희미한(명멸하는) 빛 dawn 날이 새다, (하늘이) 밝아지다 patch 작은 조각, 반점 crimson 진홍색 (물감)

Chapter 8

The next morning, when I came down to tea, my mother scolded me. She was not as upset as I had expected, however, and questioned me about my evening at the lodge. I answered her in few words and made it all seem very sweet and innocent.

"Anyway, they're not decent,* well brought-up* people," said my mother. "You've no business to be hanging about* there. You should be preparing yourself for the examination, and doing your work."

As I was well aware that my mother's anxiety about my studies was confined to these few words, I did not feel the need to respond. But after morning tea was over, my father took me by the arm and led me into the garden. Then he forced me to tell him all I had seen at the Zasyekins' lodge.

My father had a curious* influence over me and our relationship was unusual. He took little interest in my education, but he never hurt my feelings. He respected my freedom and treated me with courtesy. I loved him and admired him. He was my ideal of a man and, if he had let me, I would have been passionately devoted to him. But he never let me be really close to him. Still, there were times when, with a single word or gesture, he encouraged closeness and intimacy[*] between us. At those times, I chattered away to him, as to a wise friend or a kindly teacher. Then, just as suddenly, he would change and gently and affectionately freeze me out.[*]

Sometimes he was in high spirits,[*] and then he was ready to play with me like a boy. Once – it never happened a second time – he caressed me with such tenderness that I almost cried. But then his tenderness vanished and it was as though I had dreamed it all. Sometimes I would watch his clever, handsome face and my heart would throb[*] with love for him. He would seem to feel what was going on within me and give me a passing[*] pat on the cheek. Then he would

---

decent 점잖은, 예절 바른 brought-up 교육받은 hang about 어슬렁거리다, 배회하다(= hang around) curious 이상한, 묘한 intimacy 친밀 freeze out (냉대·격심한 경쟁 등으로) 몰아내다, 내쫓다 in high spirits 기분이 썩 좋은 throb (심장이) 고동치다 passing 잠깐의, 일시적인

go away. Or he would suddenly turn cold, as only he knew how. At those times, I withdrew into myself at once and turned cold too.

His rare fits* of friendliness to me always occurred unexpectedly. I believe that he had no thoughts to spare* for me and for family life. His heart was in other things, and found complete satisfaction elsewhere.

"Take for yourself what you can, and don't be ruled by others," he said to me one day. "To belong to oneself is the most important thing in life."

Another time, I began giving my views on liberty. He was in a mood to be close that day, and listened carefully as I spoke.

"Liberty," he said, "and do you know what can give a man liberty?"

"What?" I asked.

"His own will gives a man power, and that is better than liberty," he said. "Know how to use your will, and you will be free, and will lead others."

My father, above all, desired to live freely. Perhaps he had a feeling that he would not have long to enjoy life. He died at forty-two.

I described my evening at the Zasyekins' in detail to my father. He listened to me as he sat on a garden seat. Now and then he laughed or asked me brief questions. At first I could not bring myself even to* utter the name of Zinaïda. But I could not restrain myself* for long, and began singing her praises.* My father still laughed, then he grew thoughtful and stood up. I remembered that as we left the house he had ordered his horse to be saddled. He was a splendid horseman,* and had the secret of breaking in* the most vicious* horses.

"May I come riding with you?" I asked.

"No," he answered, and his face resumed its ordinary expression of friendly disinterest. "Go alone, if you like, and tell the coachman* I'm not going."

He turned his back on me and walked rapidly away. I looked after him as he disappeared through the gates. I saw his hat moving along beside the fence. He went into the Zasyekins'.

---

fit (감정·행동의) 격발, 폭발 to spare 남아돌 만큼의, 여분의 bring oneself to
…할 마음이 나다 restrain oneself 참다, 자제하다 sing one's praises …을
칭찬(찬양)하다 horseman 승마자, 기수 break in 길들이다 vicious 고약한,
광포한 coachman 마부

He stayed there not more than an hour and then departed at once for the town. He did not return home till evening.

After dinner I went myself to the Zasyekins' house. In the drawing room I found only the old princess. She scratched her head when she saw me and asked me if I would copy a petition[*] for her.

"With pleasure," I replied, sitting down on the edge of a chair.

"Make the letters bigger," said the princess as she handed me a dirty sheet of paper. "And could you do it today, my good sir?"

"Certainly," I said. "I will copy it today."

The door of the next room opened slightly, and in the crack[*] I saw Zinaïda's face. She looked pale and thoughtful and stared at me with big, cold eyes. Then she softly closed the door.

"Zina, Zina!" called the old lady.

Zinaïda made no response. I took home the old lady's petition and spent the whole evening over it.

Chapter 9

My passion dated from that day. I had ceased now to be merely a young boy. I was in love. I have said that my passion dated from that day. I might have added that my sufferings too dated from the same day. When I was away from Zinaïda I longed to be near her. Everything went wrong with me. I spent whole days thinking intensely about her, but in her presence I was no better off.* I was jealous. I was conscious that I was unimportant to her, so I acted sulky* or miserable. But still an irresistible force drew me to her. And I could not help a shudder* of delight whenever I stepped into her room.

Zinaïda guessed at once that I was in love with her. I never thought of hiding my feelings and could not in any case have done so. She amused

---

petition 탄원서 crack 조금 열린 틈 be better off 한결 더 잘 살다, 형편이 더 좋다 sulky 샐쭉한, 뚱한 shudder 떨림, 전율

herself[*] with my passion and made a fool of me. She petted me and she tormented me. I was, of course, not the only one in love with her. All the men who visited the house were crazy over her, and she kept each of them on a string.[*] It amused her to arouse their hopes and then their fears. Like me, they did not resist, but eagerly submitted to her. She was full of life and beauty with a character that was a mixture of slyness and carelessness. She was a creature of contrasts and her face was ever changing too. It could express – almost at the same time – irony, dreaminess, and passion. Various emotions chased one another continually over her lips and eyes.

Each of her adorers was necessary to her. Byelovzorov would gladly have flung himself into the fire for her sake.[*] He was forever offering her marriage and hinting that the others had no serious intention toward her. Meidanov responded to the poetic side of her nature. He forced himself to convince her, and perhaps himself, that he adored her. He wrote endless verses for her and about her and read them to her with enthusiasm. She sympathized with him and at the same time mocked him a little. After she had listened to his poetry, she suggested he read Pushkin, as she said, to clear the air. Lushin, the doctor, knew her better than any of them. He loved her more than all too, although he abused* her to her face* and behind her back.* She could not help respecting him, but made him feel that he too was at her mercy.

I understood least of all the relationship between Zinaïda and Count Malevsky. He was handsome and clever but there was something false about him. It was apparent to me, a boy of sixteen, and I marvelled that Zinaïda did not notice it. But possibly she did notice his falseness and was not repelled* by it. But my blood, anyway, was sometimes on fire with indignation when Malevsky approached her.

"Why do you receive Count Malevsky?" I asked her one day.

"He has such pretty moustaches," she answered. "But I don't suppose you understand."

Another time, she said, "You needn't think I

---

amuse oneself 흥겨워하다, 즐기다 keep a person on a string ···을 마음 대로 조종하다 for one's sake ···을 위해서 abuse ···의 욕을 하다, 매도하다 to one's face ···의 면전에 대고, 공공연히 behind one's back ···가 없는 데서 repel 혐오감(불쾌감)을 주다

care for him. No. I can't care for people I have to look down upon. I must have someone who can master me. But I hope I may never come across[*] anyone like that!"

"You'll never be in love, then?" I asked.

"Don't I love you?" she said, and she flicked[*] me on the nose with the tip of her glove.

Yes, Zinaïda amused herself at my expense at every opportunity. She rarely came to see us, and I was not sorry for it. In our house, she behaved like a perfectly raised young princess. My mother had taken an immediate dislike to her and watched us with careful, unfriendly eyes. I was afraid that she would see how I felt about Zinaïda, so I was always subdued[*] during these visits. I was not so much afraid of my father. He seemed not to notice me. He said very little to her, but always spoke with special cleverness and significance.

I gave up working and reading. I even gave up walking about the neighborhood and riding my horse. Like a beetle tied by the leg, I moved continually around and around the little lodge of my beloved. I would gladly have stayed there, but that was impossible. My mother scolded me and

sometimes Zinaïda herself drove me away.*
Then I used to shut myself up in my room, or go
down to the end of the garden, and climbing into
what was left of a tall stone greenhouse, now in
ruins, sit for hours with my legs hanging over
the wall that overlooked the road, gazing* into
space and seeing nothing. I was filled at those
times with sadness and joy along with a desire
for, and a dread of, life.

Zinaïda continued to play cat and mouse with
me. She flirted with me and I was filled with
rapture.* Then she would suddenly push me
away, and I dared not go near her or even look at
her. I remember she was very cold to me for sev-
eral days. I was completely crushed, and went
timidly to their lodge. I tried to keep close to the
old princess, although she was in a particularly
bad mood during that time. Her financial affairs
had been going badly, and she had already had
two conversations with the police officials.

One day I was walking in the garden beside the

---

come across …을 우연히 만나다, …와 마주치다 flick (손가락 끝 등으로) 튀기다
subdue 억누르다, 약화시키다 drive away 몰아내다, 쫓아내다 gaze 응시하다
rapture 환희, 황홀

fence, and I caught sight of Zinaïda. She was sitting on the grass, not stirring a muscle. I was about to creep away, but she suddenly raised her head and beckoned me. I jumped over the fence and ran to her, but she brought me to a halt* with a look. Then she motioned me to the path two paces from her. I fell to my knees.* She was pale, with such suffering and tiredness in her face that it sent a pain to my heart.

"What is the matter?" I asked.

Zinaïda stretched out her hand, picked a blade* of grass, bit it and flung it away from her.

"Do you love me very much?" she asked at last.

I made no answer. What need was there to answer?

"Yes," she said. "That's so. The same eyes..." She stopped and sank into thought, and hid her face in her hands. "Everything's become so horrible and hateful," she whispered. "I can't bear it... I can't get over* it.... Ah, I am wretched.* My God, how wretched I am!"

"Why?" I asked timidly.

Zinaïda did not answer. She simply shrugged her shoulders. I remained kneeling, gazing at her with intense sadness. Every word she had uttered simply cut me to the heart.* At that instant I felt I would gladly have given my life, if only she would not grieve.

"Read me some poetry," said Zinaïda, quietly. She propped* herself on her elbow. "I like to hear you reading poetry. Read me 'On the Hills of Georgia,' but sit down first."

I sat down and read 'On the Hills of Georgia.'

"Poetry is so fine," said Zinaïda. "It tells us what is not. And it also tells us what is more like the truth. Remember this line? 'The heart cannot choose but to* love.' It might not want to love, but it can't help it." She was silent again. Then all at once she got up.

"Come along. Meidanov is indoors with mamma. He brought me his poem, but I deserted him. His feelings are hurt too now. I can't help it! You'll understand it all some day, but don't be angry with me!"

Zinaïda hurriedly pressed my hand and ran on

---

bring... to a halt …을 정지(중단)시키다 fall to one's knees 무릎을 꿇다 blade (풀의) 잎 get over (곤란을) 극복하다 wretched 비참한, 불쌍한 cut a person to the heart …의 가슴에 사무치게 하다, …을 슬프게 하다 prop 받치다, 버티다 cannot choose but to …하지 않을 수 없다

ahead. We went back into the lodge. Meidanov began reading us his poem, Manslayer, which had just been published, but I did not hear him. I watched Zinaïda and tried to understand her last words.

Meidanov shouted suddenly in his nasal voice:

"Perhaps some unknown rival
Has surprised[*] and mastered thee?"

At that precise moment, my eyes and Zinaïda's met. She looked down and faintly blushed. I saw her blush, and grew cold with terror. At that instant, the thought of her being in love with someone came into my mind.[*] "Good God! She is in love!"

Chapter 10

My real torments began from that instant. I racked my brains, changed my mind, and changed it back again, and kept a secret watch on* Zinaïda. It was obvious that a change had come over her. She began going for long walks alone. Sometimes she would not see visitors. She would sit for hours alone in her room. This had never been a habit of hers till now.

"Is it he or isn't it he?" I asked, thinking about one of her admirers after another. It struck* me that Count Malevsky was a more likely love-object than the others. Doctor Lushin soon saw through* me and knew I was watching the princess. But he, too, had changed lately. He had grown thin. He still laughed as often, but his laugh seemed more spiteful.*

"Why are you always hanging about here,

---

surprise 불시에 치다 come into one's mind …의 머리에 떠오르다, 문득 생각나다 keep a watch on …을 지키다(감시하다) strike (생각이) …의 마음에 떠오르다 see through …의 마음을 꿰뚫어보다 spiteful 짓궂은, 악의에 찬

young man?" he said to me one day.

We were alone together in the Zasyekins' drawing room. The young princess had not come home from a walk, and the shrill* voice of the old princess could be heard scolding the maid.

"You ought to be studying or working while you're young," he continued. "What are you doing here?"

"You don't know whether I work at home," I said, with some hesitation.

"A great deal of work you do!" said Lushin. "That's not what you're thinking about! Well, I won't find fault with* that. At your age that's natural. But you've been awfully unlucky in your choice. Don't you see what this house is?"

"I don't understand you," I said.

"You don't understand?" he said. "Well, so much the worse* for you. I regard it as a duty to warn you. Old bachelors like me can come here. It can do us no harm. We're tough and nothing can hurt us. But your skin's still tender.* This atmosphere is bad for you. Believe me, it may harm you."

"How?" I asked.

"Well," he said, "are you in a normal condition

now? Is what you're feeling good for you?"

"Why, what am I feeling?" I said. In my heart I knew the doctor was right.

"Ah, young man, young man," said the doctor, "what's the use of pretending?* Thank God, what's in your heart still shows in your face. But there's no point in talking.* I wouldn't come here myself, if... if I weren't such a queer* fellow. But I'm surprised. How is it that you, with your intelligence, don't see what's going on around you?"

"And what is going on?" I asked. I wished he would tell me what he meant.

The doctor looked at me with compassion.

"Well," he said, "I tell you again. The atmosphere here is not fit for you. You like being here, but what of that! It's nice and sweet smelling in a greenhouse,* but there's no living in one. Yes! Do as I tell you, and go back to your books."

At that moment, the old princess came in, and began complaining to the doctor of her

---

shrill (목소리 등이) 날카로운 find fault with …을 비난[탓]하다 so much the worse 그만큼 더 나쁜 tender 연약한, 손상되기 쉬운 what's the use of ...ing? …해봤자 무슨 소용이 있는가? there's no point in ...ing …하는 것은 아무런 의미가 없다 queer 괴상한, 별난 greenhouse 온실

toothache. Then Zinaïda appeared.

"Come," said the old princess, "you must scold her, doctor. She's drinking iced water all day long. Is that good for her, with her delicate chest?"

"Why do you do that?" asked Lushin.

"Why, what effect could it have?" asked Zinaïda.

"What effect?" said Lushin. "You might get a chill* and die."

"Truly?" she asked. "Do you mean it? Very well – so much the better."

The old princess went out.

"A fine idea!" muttered the doctor.

"Yes, a fine idea," repeated Zinaïda. "Is life such a happy affair? Just look about you. Is it nice, eh? Or do you imagine I don't understand? It gives me pleasure to drink iced water. And can you seriously tell me that a life like mine is worth too much to be risked for an instant's pleasure?"

"Oh, very well," said Lushin, "impulsiveness* and irresponsibility. Those two words perfectly describe your nature."

Zinaïda laughed nervously.

"You're behind the times,* doctor," she said. "Put on your spectacles. There is nothing impulsive about me now. To make fools of* you and to make a fool of myself – there is no fun in that! And as for irresponsibility, you make no sense." She stamped* her foot. "M'sieu Voldemar," she added suddenly, "don't look so melancholy. I can't bear people to pity me." She went quickly out of the room.

"This atmosphere is very bad for you, young man," said Lushin once more.

---

chill 한기, 오한 impulsiveness 충동적임 behind the times 시대에 뒤떨어져 make a fool of …을 조롱(우롱)하다 stamp (발을) 구르다

Chapter 11

On the evening of the same day the usual guests were assembled at the Zasyekins'. I was among them.

The conversation turned to Meidanov's poem. Zinaïda expressed genuine[*] admiration of it.

"But do you know what?" she said to him. "If I were a poet, I would choose quite different subjects. Perhaps it's all nonsense, but strange ideas sometimes come into my head. It happens most often when I'm not asleep in the early morning, near dawn. If I tell you what I mean, you won't laugh at me?"

"No, no!" we all cried.

"I would describe," she said, "a group of young girls at night in a great boat, on a silent river. The moon is shining, and they are all in white, and wearing garlands[*] of white flowers. They are singing, you know, something in the nature of a hymn."

"I see. Go on," said Meidanov.

"All of a sudden there is laughter and torches

and the sound of tambourines on the riverbank,[*]"
she continued. "It's a troop of Bacchantes[*] danc-
ing with songs and cries. It's your business to
make a picture of it, Meidanov. I'd like the
torches to be red and to smoke a great deal, and
the Bacchantes' eyes to gleam[*] under their
wreaths.[*] Don't forget the tiger skins, too, and
goblets[*] and gold... lots of gold..."

"Where ought the gold to be?" asked
Meidanov.

"On their shoulders and arms and legs," said
Zinaïda. "In ancient times women wore gold
rings on their ankles. The Bacchantes call the
girls in the boat to them. The girls have ceased
singing their hymn[*] but they do not stir. The
river carries them to the bank.[*] And suddenly
one of them slowly rises. She steps over the edge
of the boat and the Bacchantes surround her.
They lead her away into the darkness. There is
smoke and clouds and everything is confused.
There is nothing but the sound of the

---

genuine 진심의, 참된 garland (머리·목에 두르는) 화환, 화관 riverbank 강둑
Bacchante 바쿠스신의 여사제[여신도] cf. Bacchus (그리스 신화의) 바쿠스, 술의 신
gleam 번쩍이다, 번득이다 wreath 화관, 화환 goblet (손잡이 없는) 술잔
hymn 찬송가 bank 강둑

Bacchantes' shrill cries, and her wreath left lying on the bank." Zinaïda fell silent.

"Oh! She is in love!" I thought.

"And is that all?" asked Meidanov.

"That's all," she said.

"That can't be the subject of a whole poem," he said, "but I will make use of* your idea for a lyrical* fragment."

"In the romantic style?" asked Malevsky.

"Of course, in the romantic style," said Meidanov. "It will be Byronic.*"

"Well, to my mind,* Hugo* beats Byron," said the count. "He's more interesting."

"Hugo is a first-class writer," replied Meidanov, "but I..."

"Come!" said Zinaïda. "You're going to argue about classicism and romanticism again. Let's play..."

"Forfeits?" said Lushin.

"No, forfeits are a bore," said Zinaïda. She went up to the window. The sun was just setting. High up in the sky were large red clouds.

"What are those clouds like?" asked Zinaïda. Without waiting for our answer, she said, "I think they are like the purple sails on the golden ship of Cleopatra, when she sailed to meet Antony. Do you remember, Meidanov, you were telling me about it not long ago?"

All of us agreed that the clouds resembled those sails, and that no one could think of a better comparison.

"And how old was Antony then?" asked Zinaïda.

"A young man, no doubt," said Malevsky.

"Yes, a young man," said Meidanov.

"Excuse me," cried Lushin, "he was over forty."

"Over forty," repeated Zinaïda, giving him a quick glance.

I soon went home. "Yes! She is in love," I thought. "But with whom?"

---

make use of …을 이용(사용)하다 lyrical 서정시의, 서정시 풍의 Byronic 바이런 식의, 비장하면서도 낭만적인 cf. Byron 바이런; 영국의 시인(1788-1824) to one's mind …의 생각에는 (Victor) Hugo 위고; 프랑스의 작가, 시인(1802-85)

Chapter 12

The days passed by. Zinaïda became stranger and stranger, and more difficult to understand. One day I went over to see her, and found her sitting in a chair. She looked up at me and her whole face was wet with tears.

"Ah, you!" she said with a cruel smile. "Come here."

I went up to her. She put out* her hand and suddenly caught hold of my hair and began pulling it.

"It hurts me," I said at last.

"Ah! Does it?" she said. "And do you suppose nothing hurts me?" She tugged* sharply and suddenly a little tuft* of my hair was in her hand. "Ai!" she cried. "What have I done? Poor M'sieu Voldemar!"

She carefully smoothed the hair she had torn out, and twisted it into a ring. "I'll put your hair in a locket* and wear it around my neck," she said, with tears still in her eyes. "That will be some small consolation to you, perhaps. Now you should go. Goodbye."

I went home, and found an unpleasant state of things there. My mother was having a nice scene with* my father. She was accusing him of something, while he, as was his habit, remained politely and coldly silent. When she stopped speaking, he went out of the room. I did not hear what my mother was talking about and was not, in any case, interested. I only remember that later, she sent for me. She told me that she was displeased with me for visiting the young princess so frequently. She said Zinaïda was an adventuress,* a woman who was capable of anything. I kissed her hand as I always did when I wanted to cut short* a conversation, and went off to my room.

Zinaïda's tears had completely overwhelmed me. I did not know what to think, and was ready to cry. I was still a child in many ways, even at sixteen. I was lost in my imagination and was always seeking seclusion and solitude. I was par-

---

put out (손 따위를) 내밀다 tug 세게 당기다 tuft (머리털·새털 등의) 술, 다발
locket 로켓 (조그마한 사진, 머리카락, 기념물 등을 넣어 목걸이 등에 다는 금속제 곽)
have a nice scene with …와 한바탕 싸움을 벌이다 adventuress adventur-
er(모험가; 책략가)의 여성형 cut short …을 갑자기 끝나게 하다

ticularly fond of the ruined greenhouse. I would climb up on the high wall and perch[*] there. I was an unhappy, lonely, and melancholy youth and constantly felt sorry for myself. And, oh, how I enjoyed my self-pity.

One day I was sitting on the wall looking into the distance and listening to the ringing of the church bells. Suddenly a slight fragrance drifted by me and I looked down. Below, on the path, in a light gown, with a pink parasol on her shoulder, was Zinaïda. She caught sight of[*] me and stopped. Then she pushed back the brim[*] of her straw hat and she looked up at me.

"What are you doing up there?" she asked me with a strange smile. "Come, you always say you love me. Now jump down to me if you really do love me."

Zinaïda had hardly uttered those words when[*] I flew down, as though someone had pushed me. The wall was about fourteen feet high. I reached the ground on my feet, but the shock was so great that I fell down. For an instant, I fainted. When I regained consciousness, without opening my eyes, I felt Zinaïda beside me. I sensed her bending over me.

"My dear boy," she said in a tender voice, "how could you do it, dear? How could you obey? You know I love you. Get up."

Her hands were caressing my head, and suddenly her soft, fresh lips began covering my face with kisses. They touched my lips, but by then

"My dear boy, how could you do it? How could
you obey? You know I love you. Get up."

---

perch 앉다, 자리잡다 catch sight of ···을 언뜻 보다, ···을 찾아내다 brim (모
자의) 챙 hardly A when B A하자마자 B하다(= hardly A before B)

Zinaïda had guessed by the expression of my face that I was awake.

She rose and said, "Come, get up, naughty,[*] silly boy. Why are you lying in the dust?"

I got up.

"Give me my parasol," she said. "I threw it down somewhere – and don't stare at me like that. You're not hurt, are you? Stung by the nettles,[*] I suppose? Don't stare at me, I tell you. Go home, M'sieu Voldemar, and don't follow me. If you do, I'll be angry, and never speak to you again."

She walked rapidly away, while I sat down by the side of the road. My legs would not support me. The nettles had stung my hands, my back ached, and my head was giddy.[*] In my whole life, I have never again felt such ecstasy. It turned to a sweet ache in all my limbs and soon I was expressing my joy in hops and skips[*] and shouts. Yes, I was still a child.

Chapter 13

I was so proud and light-hearted* all that day. I so vividly retained* the feeling on my face of Zinaïda's kisses. With delight, I recalled every word she had uttered. It seemed to me that now I could ask nothing more of fate and could die happy. But next day, when I went to the lodge, I felt embarrassed. I tried to conceal it under a show of confidence so she would understand that I knew how to keep a secret. Zinaïda received me very simply and without any emotion. She shook her finger at me and asked me whether I was black and blue* from the fall. All my modest confidence immediately vanished, and with it, my embarrassment. Of course, I had not expected anything, but I realized that in Zinaïda eyes I was just a child. I was extremely miserable! She walked up and down the room, giving me a

---

naughty 개구쟁이의, 장난이 심한 nettle 쐐기풀 giddy 현기증이 나는, 어지러운 skip 가볍게 뜀, 도약 light-hearted 명랑한, 쾌활한 retain 간직하다, 보유하다 black and blue 멍이 든

quick smile, whenever our eyes met. But I saw clearly that her thoughts were far away.

"Shall I talk about what happened yesterday?" I wondered. "Perhaps I should ask her where she was going in such a hurry. That way, I'll find out once and for all.*" But I said nothing and went to sit down in a corner.

Byelovzorov came in and I felt relieved* to see him.

"I've not been able to find you a quiet horse," he said. "Freitag has one, but I don't feel any confidence in it, I am afraid."

"What are you afraid of?" said Zinaïda.

"What am I afraid of?" he asked. "Why, you don't know how to ride. Lord save us, anything might happen! What has come over* you all of a sudden?"

"Come, that's my business," she said. "Anyhow, if you can't help me, I'll ask Piotr Vassilievitch."

My father's name was Piotr Vassilievitch. I was surprised to hear her mention his name so lightly and freely. It seemed as though she were confident of his readiness to help her.

"Oh, indeed," said Byelovzorov. "Do you

intend to go out riding with him?"

"Whether I ride with him or with someone else is nothing to do with you," she said. "But I won't ride with you, anyway."

"Not with me," said Byelovzorov. "As you wish. Well, I'll find you a horse."

"Yes, but be sure it's not some old nag,*" she said. "I warn you that I want to gallop."

"Gallop away by all means,*" he said. "And is it Malevsky you are going to ride with?"

"And why not with him?" she said. "Come, be quiet and don't glare.* I'll take you too. You know that I don't care for Malevsky. Ugh!" She shook her head.

"You say that to console* me," said Byelovzorov.

Zinaïda half closed her eyes. "Does that console you?" she said at last. "And you, M'sieu Voldemar, would you come with us?"

"I don't care to be part of a large group when riding," I muttered, not raising my eyes.

"Well, freedom to the free, and heaven to the

---

once and for all 확실히, 단호히 relieved 안심이 되는 come over (감정 등이) …을 엄습하다 nag 작은 말, 늙은 말 by all means 반드시 glare 노려보다 console 위로하다

saints," she said with a sigh. "Go along, Byelovzorov. I must have a horse for tomorrow."

"Oh, and where's the money to come from?" put in[*] the old princess.

Zinaïda scowled. "I won't ask you for it. Byelovzorov will trust[*] me."

"He'll trust you, will he?" grumbled the old princess, and all of a sudden she screeched[*] at the top of her voice. "Duniashka!"

"Maman,[*] I have given you a bell to ring," said Zinaïda.

"Duniashka!" shouted the old lady again.

Byelovzorov took his leave.[*] I went away with him. Zinaïda did not try to stop me.

Chapter 14

The next day I got up early, cut myself a stick, and set off beyond the town gates. I thought I would walk off my sorrow. It was a lovely day, bright and not too hot, with a fresh breeze. I wandered for a long while over hills and through woods. I had left home with the intention of giving myself up to* melancholy. But my youth and the exquisite* weather and the pleasure of activity soon lightened my mood. The memory of those never-to-be-forgotten words and those kisses, forced itself once more into my mind. It was sweet to think that Zinaïda knew of my courage and my heroism.* "Others may seem better to her," I thought, "and let them! But others only say what they would do, while I have done it. And what more would I not do for her?" My imagination began to work. I

---

put in 참견하다 trust …에게 신용거래로 주다 screech 날카로운 소리로 외치다
maman (불어) 엄마(= mother) take one's leave 작별인사를 하다 give one-
self up to …에 푹 빠지다 exquisite 더없이 훌륭한, 최고의 heroism 영웅적
행위, 용기 있는 행동

pictured how I would save her from the hands of enemies. Even covered with blood and near death I would tear her by force from prison, and die at her feet.

I began to sing "Not the white snows," and passed from that to another well-known song. Then I began reading aloud Yermak's address to the stars from Khomyakov's[*] tragedy. I made an attempt to compose a sentimental poem but got no further than the line that would conclude each verse: "O Zinaïda, Zinaïda!"

Meanwhile it was getting on towards dinner time. I went down into the valley. A narrow, sandy path winding through it led to the town. As I walked along this path I heard the thud[*] of horses' hoofs behind me. I looked around and then stood still and took off my cap. I saw my father and Zinaïda. They were riding side by side. My father was saying something to her. He was bending toward her with his hand propped on the horse's neck and he was smiling. Zinaïda listened to him in silence, her eyes downcast and her lips tightly pressed together.

At first I saw only them, but a few instants later, Byelovzorov came into sight around a bend.* He was wearing a hussar's uniform and riding a black horse. The gallant* horse tossed* its head, snorted* and pranced* from side to side. His rider was at once holding him in* and spurring him on.* I stood aside. My father gathered up the reins and moved away from Zinaïda. She slowly raised her eyes to him and both galloped off. Byelovzorov galloped after them, his sabre clattering* behind him. "He's as red as a crab," I thought, "while she is very pale. Why is she so pale? Out riding the whole morning, and pale?"

I hurried home and arrived just at dinnertime. My father was already sitting by my mother's chair. He was dressed for dinner and freshly washed. He was reading an article from the newspaper, The Journal of Debates, in his smooth voice. My mother listened to him without attention, and when she saw me, asked where I had been to all day. She added that she didn't like me being out, God knows where and

---

Khomyakov 호먀코프; 러시아의 시인(1804-1860) thud (무거운 물건이 떨어지는 소리) 쿵, 털썩 bend (길의) 굽은 곳, 커브 gallant 씩씩한, 당당한 toss (머리 등을) 갑자기 쳐들다 snort 콧김을 내뿜다 prance 껑충거리며 나아가다 hold... in …을 제지하다 spur... on …에 박차를 가하다 clatter 찰가닥찰가닥 울리다

in what company. I was on the point of saying, "But I have been walking alone." But I looked at my father and for some reason or other remained silent.

Chapter 15

For the next five or six days I hardly saw Zinaïda. She said she was ill but that did not prevent the usual visitors from calling at the lodge. Byelovzorov sat sullen[*] and red-faced in a corner. On Malevsky's face was a continual, evil smile. He had really fallen into disfavor with[*] Zinaïda, and spent his time with the old princess. He even went with her in a hired coach[*] to call on the Governor-General. Lushin came twice a day, but did not stay long. I was rather afraid of him after our last conversation, and at the same time felt a genuine attraction to him. He went for a walk with me one day in the Neskutchny gardens. He was very good-natured[*] and told me the names of various plants and flowers. Then suddenly he cried, for no apparent reason, "And I, poor fool, thought she was a flirt![*] It's clear that

---

sullen 부루퉁한, 샐쭉한 fall into disfavor with ···의 눈 밖에 나다, ···의 미움을
사다 coach 4륜 대형 마차 good-natured 친절한, 사람이 좋은 flirt 바람
둥이

self-sacrifice is sweet for some people!"

"What do you mean by that?" I asked.

"I don't mean to tell you anything," Lushin replied.

Zinaïda avoided me. I could not help noticing that she did not want me to be near her. She turned away from me and that crushed me! But there was nothing I could do about it and I tried not to cross her path.* I could only watch her from a distance.* As before, something I did not understand was happening to her. Her face was different. She was different. I was specially struck by the change that had taken place in her one warm still evening. I was sitting on a low garden bench under a spreading bush. I was fond of that place because I could see from there the window of Zinaïda's room. I sat and gazed at the window, and waited to see if it would open. It did, and Zinaïda appeared. She had on* a white dress, and her face, shoulders, and arms, were very pale. She stayed there a long while without moving, and stared at nothing with a thoughtful frown. I had never seen such a look on her face. Then she nodded her head, and slammed* the window shut.

Three days later she met me in the garden. I was turning away,* but she stopped me.

"Give me your arm," she said to me with her old affection, "it's a long while since we've had a talk together."

"Are you still not well?" I asked her.

"No, that's all over now," she answered, and she picked a small red rose. "I am a little tired, but that too will pass."

"And will you be as you used to be again?" I asked.

Zinaïda put the rose up to her face and I thought I saw her blush.*

"Why, am I changed?" she asked.

"Yes, you are changed," I said.

"I have been cold to you, I know," she said, "but you mustn't pay attention to that. I couldn't help it. Come, why talk about it!"

"You don't want me to love you, that's what it is!" I cried.

"No," she said. "You may love me, but not as

---

cross one's path ···와 우연히 만나다 from a distance 멀리서 have on ···을 입고(착용하고) 있다(= wear) slam (문 따위를) 꽝(탕) 닫다 turn away 외면하다, 보려고 하지 않다 blush 얼굴을 붉히다

you did."

"How then?" I said.

"Let us be friends," she said and gave me the rose to smell. "Listen, you know I'm much older than you. I might be your aunt or an older sister. And you..."

"You think I am a child," I interrupted.

"Well, yes," she said. "A child, but a dear, good clever one, whom I love very much. Do you know what? From this day forward, you will be my page.[*] And don't you forget that pages have to keep close to their ladies. Here is the token of your new dignity.[*]" She stuck the rose in the buttonhole of my jacket. "This is a token of my favor."

"I once received other favors from you," I muttered.

"Ah!" commented Zinaïda, and she gave me a sidelong look.[*] "What a memory you have!"

She bent down and placed a calm, pure kiss on[*] my forehead.

I only looked at her, while she turned away.

"Follow me, my page," she said, and went into the lodge. I followed her in amazement.

"Can this gentle, reasonable girl," I thought,

"be the Zinaïda I used to know?"

I fancied her walk was quieter and her whole figure statelier[*] and more graceful. And, mercy![*] A fresh love for her burned within me!

---

page 시동(侍童) dignity 위계, 작위 give a sidelong look 곁눈질하다
place a kiss on …에 키스하다 stately 위엄(품위) 있는 mercy (놀람·공포를
나타내는 감탄사로서) 아이구, 이런, 저런

Chapter 16

After dinner, the usual party* assembled again at the lodge, and the young princess came out to them. All were there in full force,* just as on that first evening. Even Nirmatsky had come to see her. Meidanov came this time and brought some new verses. The games of forfeits began again, but without the practical jokes* and noise. I sat beside her because of my position as her page. Among other things,* she proposed that anyone who had to pay a forfeit should tell his dream. This was not successful. The dreams were either uninteresting, or unnatural, or invented.* Meidanov told us a regular romance story. There were angels with lyres,* and talking flowers and music. Zinaïda did not let him finish.

"If we are to have compositions," she said, "let everyone tell something. But it must be made up, not truth. Byelovzorov will speak first."

The young hussar was confused.

"I can't make up anything!" he cried.

"What nonsense!" said Zinaïda. "Well, imagine, for instance, you are married. Tell us how you would treat your wife. Would you lock her up?"

"Yes," he said. "I would lock her up."

"And would you stay with her?" asked Zinaïda.

"Yes," he said, "I would certainly stay with her."

"Very good," said Zinaïda. "But what if she got sick of that, and deceived you?"

"I would kill her," he replied.

"And if she ran away?" asked Zinaïda.

"I'd follow her and catch her and kill her," he said.

"Oh," said Zinaïda. "And suppose I were your wife, what would you do then?"

Byelovzorov was silent a minute. "I would kill myself," he said.

Zinaïda laughed. "I see yours is not a long story."

The next forfeit was Zinaïda's. She looked at the ceiling and thought for a few minutes.

---

party 일행, 일단(一團) in full force 빠짐없이 모두, 전력을 기울여 practical joke 짓궂은 장난 among other things 특히, 무엇보다도 invented (이야기 따위를) 상상력으로 만든, 창작한(= made-up) lyre 수금(竪琴), 리라

"Well, listen," she began at last, "picture to yourselves a magnificent palace, a summer night, and a marvellous ball. A young queen is giving this ball.* Everywhere there is gold and marble, crystal, silk, lights, diamonds, flowers, and every luxury."

"You love luxury?" asked Lushin.

"Luxury is beautiful," she said, "and I love everything beautiful."

"More than what is noble?" he asked.

"That's too clever,*" she said. "I don't understand it. Don't interrupt me. The ball is magnificent. There are crowds of guests, all of them are young, handsome, and brave. All are frantically* in love with the queen."

"Are there no women among the guests?" asked Malevsky.

"No – or wait a minute – yes, there are some," she said.

"Are they all ugly?" asked Malevsky.

"No, they are charming," she said. "But the men are all in love with the queen. She is tall and graceful and she has a little gold diadem* on her black hair."

I looked at Zinaïda, and at that instant she

seemed to be above all of us. There was such intelligence and power about her. I thought, "You are that queen!"

"They all gather about her," continued Zinaïda, "and all say the most flattering* things about her."

"And she likes flattery?" asked Lushin.

"Why do you keep interrupting?" she said. "Who doesn't like flattery?"

"One more question," said Malevsky, "has the queen a husband?"

"I hadn't thought about that," she said. "No, why should she have a husband?"

"To be sure," agreed Malevsky, "why should she have a husband?"

"Silence!" cried Meidanov in French, which he spoke very badly.

"Merci!*" Zinaïda said to him. "And so the queen hears their speeches, and the music, but does not look at the guests. Six windows are open from floor to ceiling, and beyond them is a

---

give a ball 무도회를 열다 clever 잔꾀가 있는, 약삭빠른 frantically 미친 듯이, 굉장히 diadem 왕관(= crown) flattering 아첨하는, 추켜세우는 cf. flattery 아첨, 듣기 좋은 칭찬 merci (프랑스어) 고맙습니다

dark sky with big stars. The queen gazes out into the garden. Out there among the trees is a fountain. It is white in the darkness, and rises up high into the air. The queen hears, through the talk and the music, the soft splash of its waters. She gazes and thinks. You are all noble, clever, and rich gentlemen. You crowd* around me and treasure* every word I say. You are all ready to die at my feet. I hold you in my power. But out there, by the fountain, stands and waits the man I love. He holds me in his power. He has neither rich clothes nor precious stones. No one knows him, but he awaits me, and is certain I will come. And I will come. There is no power that could stop me when I want to go out to him. Nothing to keep me from staying with him out there in the darkness of the garden..." Zinaïda fell silent.

"Is that a made-up story?" Malevsky inquired slyly.

Zinaïda did not even look at him.

"And what would we have done, gentlemen," said Lushin, "if we had been among the guests? What if we had known about the lucky fellow at the fountain?"

"Stop a minute," said Zinaïda. "I will tell you

what each of you would have done. You, Byelovzorov, would have challenged him to a duel.* Meidanov, you would have made up a long poem about him in the style of Barbier. You, Nirmatsky, would have lent him money at high interest.* And you, doctor..." she stopped. "I really don't know what you would have done."

"As the court* physician,*" said Lushin, "I would have advised the queen not to give balls when she is not in the mood for* entertaining her guests."

"Perhaps you would have been right," she said. "And you, Count? What would you have done?"

"I?" said Malevsky.

"You would offer him a poisoned sweetmeat," said Zinaïda.

Malevsky's face changed slightly but then he laughed.

"And as for you, Voldemar," Zinaïda went on, "... but that's enough. Let us play another game."

"M'sieu Voldemar, as the queen's page, would

---

crowd 떼지어 몰리다, 붐비다 treasure 소중히 하다 duel 결투 at high interest 고리(高利)로 court 궁정, 궁중 physician (내과) 의사 in the mood for …할 기분이 나서

have held up her train[*] when she ran into the garden," said Malevsky with an evil smile.

I was crimson with anger, but Zinaïda laid a hand on my shoulder. She stood up and said in a rather shaky voice, "I have never given your excellency[*] the right to be rude. I therefore ask you to leave us." She pointed to the door.

"Princess... I..." stammered Malevsky, and he turned quite pale.

"The princess is right," cried Byelovzorov, and he rose.

"Good God," said Malevsky, "my words meant nothing. I had no wish to offend you. Forgive me."

Zinaïda looked him up and down, and coldly smiled.

"Stay, then, certainly," she said with a careless gesture of her arm. "M'sieu Voldemar and I were needlessly upset. It is your pleasure, after all, to make crude[*] remarks."

"Forgive me," said Malevsky once more.

I thought of Zinaïda's gesture and decided that no real queen could have acted with greater dignity.

The game of forfeits went on for only a short

time after this little scene.* Everyone felt ill at ease,* but not because of Malevsky's remark. There had been an oppressive feeling about the gathering from the outset.* No one spoke of it, but everyone was conscious of it. Meidanov read us his verses, and Malevsky praised them with exaggerated warmth. "He wants to show how good he is now," Lushin whispered to me. A thoughtful mood seemed to have come upon Zinaïda. The old princess sent word that she had a headache and Nirmatsky began to complain of his rheumatism. We soon broke up and went to our own homes.

For a long while, I could not get to sleep. I had been impressed by Zinaïda's story. "Was she hinting at something?" I wondered. "And if so, at whom and at what was she hinting? And if there really were anything to hint at, how would I know?" I turned over* from one hot cheek on to the other. But I remembered the expression on Zinaïda's face during her story. I remembered

---

train (뒤에 길게 끌리는) 옷자락 excellency (장관 · 대사 · 총독 · 기타 고관에 대한 존칭) 각하: 여기서는 백작을 가리킴 crude 버릇없는, 노골적인 scene 소동, 난리 ill at ease 불안한 from the outset 처음부터 turn over 뒹굴다, 몸을 뒤척이다

the exclamation from Lushin in the Neskutchny gardens. And then there was the sudden change in her behavior to me. It was a puzzle. "Who is he?" These three words seemed to stand before my eyes in the darkness. I felt as if a dark cloud hung over me, and I waited for the storm to break.[*]

I had grown used to many things recently. I had learned much from what I had seen at the Zasyekins. Their disorderly ways, broken knives and forks, grumpy[*] old Vonifaty, and the manners of the old princess no longer bothered me. But what I was dimly[*] beginning to understand now about Zinaïda, I could never get used to. "An adventuress!" my mother had called her. An adventuress! Zinaïda – my idol, my goddess – an adventuress? This word wounded me. I would have done anything to be that lucky fellow at the fountain!

My blood was on fire and boiling within me. "The garden... the fountain," I thought. "I will go into the garden." I dressed quickly and slipped out of the house. The night was dark and there was scarcely any breeze. I went through all the paths and the light sound of my own footsteps both confused and encouraged me. I stood still and heard my heart beating fast. At last I went up to the fence and leaned against the thin bar. Suddenly I thought I saw a woman's figure hurry by, a few paces from me. I peered into* the darkness and I held my breath.* What was that? Did I hear steps, or was it my heart beating again? "Who is here?" I whispered. I felt afraid. "Who is here?" I repeated still more softly.

The air blew in a gust for an instant. A streak of light* flashed across the sky. It was a star falling. "Zinaïda?" I wanted to call, but the word died away* on my lips. And all at once everything became still and silent. Even the grasshoppers ceased their chirping* in the trees. I stood and waited and then went back to my room, to my cold bed. I felt a strange sensation. It was as though I had gone to meet a lover who had not shown herself to me. At the same time, I could have sworn I had passed close to another's happiness.

---

break (폭풍우·고함 등이) 돌발하다, 일어나다 grumpy 심술궂은, 까다로운 dimly 어렴풋이, 희미하게 peer into …을 응시하다 hold one's breath 숨을 죽이다 a streak of light 한 줄기 빛 die away 점점 약해지다(사라지다) chirp (새·벌레 등이) 짹짹(찍찍) 울다

Chapter 17

The following day I only had a passing glimpse of* Zinaïda. She was driving somewhere with the old princess in a cab.* But I saw Lushin, who barely nodded a greeting,* and Malevsky. The young count grinned,* and began talking to me in a friendly manner. Of all those who visited at the lodge, he alone had succeeded in forcing his way into* our house. He had favorably impressed my mother, but my father did not take to* him. He treated him with a politeness that was almost insulting.

"Ah, monsieur le page," said Malevsky. "I'm delighted to meet you. What is your lovely queen doing?"

I found his fresh, handsome face hateful at that moment. And he looked at me with such a mixture of contempt and amusement that I did not answer him at all.

"Are you still angry?" he said. "You've no reason to be. It wasn't I who called you a page, you know, and pages are special attendants* to queens. But I must say that you perform your duties very badly."

"How so?" I asked.

"Pages ought to be inseparable from their mistresses,[*]" he said. "Pages ought to know everything their queens do. They ought to watch over them day and night."

"What do you mean?" I asked.

"What do I mean?" he said. "I express myself pretty clearly, I believe. You should watch your queen by day and night. By day it's not so difficult. It's light, and people are about in the daytime. But by night, then look out for mischief[*] and misfortune. I advise you not to sleep at nights and to watch with all your energies. You remember, in the garden, by night, at the fountain. That's where there's need to look out. You will thank me."

Malevsky laughed and turned his back on me. He, most likely, attached no great importance to what he had said. He had a reputation for hinting

---

have a glimpse of …을 힐끗(언뜻) 보다 cab 승객용 마차 nod a greeting 머리를 끄덕여 인사하다 grin 이를 드러내고 싱긋 웃다 force one's way into …로 억지로 밀고 들어가다 take to …이 마음에 들다, …에 정들다 attendant 시중 드는 사람, 수행원 mistress 여주인, 지배하는 여자 mischief 장난, 못된 짓

at great mysteries. He only wanted to tease me, but every word he said was like poison running through my veins. The blood rushed to my head. "Ah! So that's it!" I thought. "Good! So there was reason for me to feel that I must go into the garden! I won't let it happen! Whether Malevsky or someone else falls into my hands* in the garden, it will be the worse for them! I don't advise anyone to meet me! I will prove to all the world and to her, the traitress,* that I will have my revenge!*"

I returned to my own room and took from the writing-table the pocket-knife I had recently bought. I felt its sharp edge and thrust it into my pocket. My heart heaved* angrily and felt heavy as a stone. All day long I kept walking up and down, clutching the knife in my pocket. It grew warm from my grasp as I prepared myself for something terrible to happen. These new, unknown sensations occupied my thoughts and delighted me so much that I hardly thought of Zinaïda.

My father was not at home. My mother noticed my mood. Lately she had seemed to be both frustrated and annoyed about something, although she never expressed her feelings. But at supper that night, she said to me, "Why are you sulking* like a mouse in a tub of grain?"

I merely smiled in reply, and thought, "If only* they knew!"

The clock struck eleven. I went to my room but did not undress. I waited for midnight and at last it struck. "The time has come!" I thought. I buttoned my coat up to the throat and went into the garden.

I had already chosen the spot from which I would keep watch.* At the end of the garden, near the fence between our property and the Zasyekins, grew a pine tree. When I stood beneath its thick branches, I could see whatever took place around me. I made my way to* the pine tree, leaned my back against its trunk, and began my watch.

The night was as still as the previous night but with fewer clouds in the sky. I could see the outlines of bushes, even of tall flowers, more distinct-

---

fall into one's hand(s) …의 수중에 들어오다 traitress traitor(배신자)의 여성형
have one's revenge 복수하다 heave (가슴이) 울렁거리다 sulk 삐치다, 부루
퉁하다 if only 오직 …이기만 하면 (좋으련만) keep watch 망을 보다 make
one's way to …로 나아가다

ly. The first moments of waiting were terrible. The only thing I was unsure of was how to act. Should I shout, "Where are you going? Stand! Show yourself, or die!" or just strike? Every sound, every whisper and rustle,* seemed unusual and a little frightening. Half an hour passed, and then an hour, and my mood had grown quieter and colder. I was conscious that I was doing all this for nothing and that I was even a little absurd. The idea came to me that Malevsky had been making fun of me. I left my ambush* and walked all about the garden. It was peaceful and silent – everything was at rest. Even our dog was asleep, curled up* into a ball at the gate. I climbed up into the ruins of the greenhouse and saw the open country far away before me. I recalled my meeting with Zinaïda and began dreaming.

Suddenly I thought I heard the creak* of a door opening, then the faint crack* of a broken twig. I got down from the ruin and stood still. Rapid, light, but cautious footsteps sounded distinctly in the garden. They were approaching me. "Here he is, here he is, at last!" I thought. I pulled the knife out of my pocket and opened it. My hair stood up on my head in my fear and fury. The

My God! It was my father! I recognized him
at once, though he was dressed in a dark cloak
with his hat pulled down over his face.

---

rustle 살랑살랑 소리, 옷 스치는 소리 ambush 매복 (장소) curl up 몸을 둥글게
웅크리다 creak 삐걱거리는 소리 crack (나무 등이 부러지는 소리) 탕, 딱, 우지끈

steps were coming straight towards me. I bent forward and a man came into view. My God! It was my father! I recognized him at once, though he was dressed in a dark cloak* with his hat pulled down over his face. On tiptoe he walked by. He did not notice me, although nothing concealed me. I, who had been ready for murder, was suddenly transformed into a schoolboy again. I was so shocked by my father's unexpected appearance that I did not notice where he had gone. I stood up straight and thought, "Why is my father walking about in the garden at night?" In my horror I had dropped my knife in the grass, but I did not attempt to look for it. I was ashamed of myself and completely sober* again.

On my way to the house I looked up at Zinaïda's window. The small panes* of the window shone dimly in the darkness. All at once their color began to change. I watched as a white blind was pulled down behind them right to the window frame.* "What is that for?" I said aloud when I was once more in my room. The ideas that suddenly rushed into my head were so new and strange that I did not dare to believe them.

Chapter 18

I got up in the morning with a headache. My emotion of the previous day had vanished. It was replaced by a dreary* sense of blankness* and a sort of sadness I had not known till then. I felt as though something had died in me.

"Why are you looking like a rabbit with half its brain removed?" said Lushin when we met. At lunch I looked first at my father, then at my mother. He was calm as usual. She was, as usual, secretly irritated. I waited to see whether my father would make some friendly remarks to me, as he sometimes did. But he did not even give me his usual cold greeting. "Shall I tell Zinaïda what I saw?" I wondered. But then I thought, "It makes no difference.* Everything is at an end between us."

I went to see her, but told her nothing. Indeed, I

---

cloak 망토 sober 맑은 정신의, 냉정한 pane 판유리, 창유리 window frame 창틀 dreary 음울한, 황량한 blankness 공허, 허무 make no difference 차이(변화)가 없다

could not have managed to talk with her even if I had wanted to. The old princess's son, a twelve-year-old cadet,* had come from Petersburg for his holidays. Zinaïda at once handed her brother over to me.

"Here, dear Volodya," she said, "is a companion for you." (This was the first time she had used this pet name* to me.) "His name is Volodya, too. Please, be kind to him. He is still shy, but he has a good heart. Show him the Neskutchny gardens, go for walks with him, and take care of him. You'll do that, won't you? You're so good!"

She laid both her hands affectionately on my shoulders, and I was utterly* bewildered. The presence of this boy transformed me, too, into a boy. I looked in silence at the cadet, who stared as silently at me.

Zinaïda laughed, and pushed us towards each other.

"Embrace each other, children!" she said.

We embraced each other.

"Would you like me to show you the garden?" I asked the cadet.

"If you please," he replied.

Zinaïda laughed again. I noticed that she looked happier and healthier than she had ever done before.

I set off with the cadet. There was an old-fashioned swing* in our garden. I sat him down on the narrow plank* seat, and began swinging him. He sat rigid in his new uniform and kept tight hold of the cords. "You'd better unbutton your collar," I said.

"It's all right. I'm used to it," he said, and cleared his throat.*

He was like his sister. The eyes were especially like hers. I liked being nice to him and at the same time an aching sadness was in my heart.

"Now I certainly am a child," I thought, "but yesterday..."

I remembered where I had dropped my knife the night before. I looked for it and quickly found it. The cadet asked me if he could use it. Then he picked a thick stalk* of wild parsley and made a whistle from it. I whistled too.

---

cadet 사관학교 생도 pet name 애칭 utterly 완전히, 아주 swing 그네
plank 널빤지 clear one's throat 헛기침을 하다, 목청을 가다듬다 stalk (식물)
줄기

But in the evening I wept in Zinaïda's arms. She came looking for me in a corner of the garden and asked why I was so depressed. My tears flowed with such violence that she was frightened.

"What is wrong with you? What is it, Volodya?" she said. When I made no answer, and did not cease weeping, she was about to kiss my wet cheek.

I turned away from her.

"I know all," I whispered through my tears. "Why did you play with* me? What need had you of my love?"

"I am to blame, Volodya," she said. "There is much that is bad and black and sinful* in me! But I am not playing with you now. I love you. You don't even suspect why and how. But what do you know?"

What could I say to her? She stood facing me, and looked at me and I belonged to her completely from that moment. A quarter of an hour later I was running races with the cadet and Zinaïda. I had her ribbon around my neck for a cravat.* I was laughing, although my swollen eyelids dropped a tear or two as I laughed. I shouted with delight whenever I succeeded in catching her around the waist. As always, she did just as she liked with me.

---

play with …을 가지고 놀다 **sinful** 죄가 있는, 죄 많은 **cravat** 넥타이, 크러뱃(남자가 목에 두르는 스카프)

Chapter 19

I cannot describe exactly how I felt in the week after my unsuccessful midnight expedition.[*] It was a strange and confusing time. My suspicions, hopes, joys, and sufferings whirled[*] together in a kind of hurricane. I was afraid to think deeply about anything. I merely lived through[*] every day till evening, and at night I slept. I did not want to know whether I was loved, and I did not want to believe that I was not loved. I avoided my father, but I could not avoid Zinaïda. I gave myself up to all my passing sensations, and tried to forget what I had seen. This weakness would not have lasted long in any case, but something happened that cut it all short in a moment.

I came in one day to dinner from a rather long walk to discover that I was to dine alone. My father had gone away and my mother was unwell. She did not want any dinner, and had shut herself up in her bedroom. From the faces of the footmen, I realized that something extraordinary had taken place. I did not dare to question them, but from the young waiter Philip, who had become a friend to me, I learned that a terrible scene had taken place between my father and mother. Every word had been overheard in the maids' room. Much of it had been in French, but Masha, the maid, had once worked in Paris, and she understood it all. My mother had accused my father of infidelity* with the young lady next door. My father at first had defended himself, but afterwards had lost his temper.* He had said something cruel about my mother's age, which had made her cry. Then my mother had mentioned a loan that my father had made to the old princess, and my father had threatened her.

"And all the mischief," said Philip, "came from an anonymous* letter. No one knows who wrote it."

"But was there really any reason for the letter?" I said. "Was there any truth in it?"

My hands and feet had gone cold, and a shud-

---

expedition 탐험 whirl (생각·감정 등이) 한꺼번에 떠오르다, 용솟음치다 live through ⋯을 견디다[이겨내다] infidelity 부정(不貞), 간통 lose one's temper 화내다, 울화통을 터뜨리다 anonymous 익명의

der ran through me.

Philip winked. "There was," he said. "There's no hiding those things. Your father was careful this time, but not careful enough. He hired coaches and drove to unusual places. And, of course, he relied on servants to arrange those things for him. Secrets are hard to keep in those circumstances."

I dismissed* Philip, and fell on to my bed. I did not cry or ask myself when and how this had happened. I did not wonder how it was I had not guessed it long ago. What I had learned was more than I could take in. This sudden revelation stunned me. Everything was at an end. I felt as if my heart had been flung on the ground and trampled underfoot.*

Chapter 20

Next day my mother announced her intention of returning to Moscow. In the morning my father had gone into her bedroom, and stayed there a long while with her. No one had overheard* what he said to her, but my mother wept no more. She asked for food, but did not make her appearance* nor change her plans. I wandered about the whole day, but did not go into the garden, and never once glanced at the lodge.

That evening I witnessed the most amazing occurrence. My father conducted Count Malevsky by the arm through the dining room into the hall. There, in the presence of a footman, he said, "I am not going to give you any explanation for asking you to leave. But if you ever visit me again, I'll throw you out of the window. I

---

dismiss 떠나게(가게) 하다 underfoot 발 밑에 overhear 우연히 듣다, 엿듣다
make one's appearance 나타나다(= show oneself)

don't like your handwriting."

The count bowed, bit his lips and vanished.

The servants were making preparations for our return to Moscow. My father had clearly succeeded in persuading my mother not to make a public scandal. Everything was done quietly, without hurry. My mother even wrote to the old princess, and expressed her regret that she would not see her again. I longed for it all to be over as soon as possible. But there was one thought I could not get out of my head. How could she, a young girl, and a princess too, do what she had done? She knew my father was not a free man. What did she hope for? How was it she was not afraid of ruining her whole future? "Yes," I thought, "this is love, this is passion, this is devotion." And I remembered Lushin's exclamation as we walked in the gardens. "It's clear that, for some people, self-sacrifice is sweet!" he had said.

I could not stop myself. I could not part from[*] her without saying a last goodbye to her. I seized the opportunity and went into the lodge. In the drawing room the old princess met me with her usual careless greetings.

"Why are your folks leaving in such a hurry?" she asked, thrusting snuff* into* her nose.

I looked at her, and a load was taken off my heart.* Because I was sure she had no suspicion about my father's involvement with her daughter. Zinaïda came in from the next room, pale and dressed in black. She took me by the hand without a word, and led me away.*

"I heard your voice," she said, "and came at once. Is it so easy for you to leave us?"

"I have come to say goodbye to you, princess," I answered, "probably for ever. You have heard, perhaps, that we are going away."

Zinaïda looked intently at me.

"Yes," she said. "I have heard. Thank you for coming. I was beginning to think I would not see you again. Don't remember evil things about me. I have sometimes tormented* you, but I am not what you imagine me to be." She turned away and leaned against the window. "I know you have a bad opinion of me."

---

part from …와 헤어지다 snuff 코담배 thrust A into B A를 B에 밀어넣다 a load was taken off my heart 내 마음이 한결 가벼워졌다 lead... away …을 데리고(끌고) 가다 torment 괴롭히다

"Believe me, Zinaïda Alexandrovna," I said. "Whatever you did and however you tormented me, I would love you to the end of my days."

She turned with a rapid motion and embraced me and gave me a warm, passionate kiss. I eagerly tasted its sweetness. I knew that it would never be repeated.

"Goodbye, goodbye," I repeated.

She tore herself away,[*] and went out and I went away. I cannot describe my feelings. I do not wish to ever feel that way again, but I would think myself unfortunate had I never experienced such an emotion.

We went back to town. I did not easily shake off[*] the past and I did not quickly get back to my studies. My heart slowly began to heal, but I had no ill feeling against my father. On the contrary, he had become more admirable in my eyes. Let psychologists explain that as best they can – I cannot.

One day I was walking along a boulevard, and to my delight, I came across Lushin. I liked him for his honesty, and because of the memories he aroused in me. I rushed up to him.

"Aha!" he said. "So it's you, young man. Let

me have a look at you. You're still as pale as ever, but you look like a man now. That's good. Well, what are you doing? Working?"

I gave a sigh. I did not like to tell a lie but I was ashamed to tell the truth.

"Well, never mind," he said. "The great thing is to lead a normal life, and not be the slave of your passions. What do you get from it? Anyhow, a man must stand on his own feet.* Now tell me, have you heard anything of Byelovzorov?"

"No," I said. "What has happened?"

"He's lost," said Lushin. "There has been no news of him. They say he's gone away to the Caucasus.* That's a lesson to you, young man. Such tragedy comes from not knowing how to part from a woman in time. You seem to have escaped from the trap. Mind you don't fall into the same snare* again."

"I won't," I thought. "I won't see her again."

I did not know it then, but I was destined to* see Zinaïda once more.

---

tear oneself away 뿌리치다 shake off (먼지 등을) 털어내다 stand on one's own feet 독립하다, 자립심을 가지다 Caucasus 카프카스 산맥; 흑해와 카스피해 사이에 동서로 뻗은 산맥으로, 아시아와 유럽의 경계가 됨 fall into a snare 덫에 걸리다, (남의) 꾀에 넘어가다 be destined to …할 운명이다

Chapter 21

My father used to ride out on horseback every day. He had a splendid English mare. She was a chestnut[*] piebald,[*] with a long slender neck and long legs. Her name was Electric. She was so vicious that no one could ride her except my father. One day he came up to me in a good humor.[*] He was getting ready for his ride, and had already put on his spurs. I began begging him to take me with him.

"You'd much better have a game of leapfrog,[*]" he said. "Your horse will never keep up with mine."

"Yes, she will," I said. "I'll put on spurs too."

"All right then," he said. "Come along."

We set off. I had a shaggy black horse that was strong and fairly spirited. It is true she had to gallop when Electric went at a trot but I was not left behind. We rode through all the boulevards and jumped several fences. At first I was afraid to take a leap, but my father hated cowards, and I soon ceased to feel fear. We crossed the river

Moskva twice, and I thought that we were on our way home. Then suddenly my father turned off* away from me at the Crimean ford,* and galloped along the riverbank. I rode after him.

When he had reached a high stack of old timber, he slid quickly off Electric. He told me to dismount, gave me his horse's bridle* and told me to wait for him there. Then he turned off into a small street and disappeared. I began walking up and down the riverbank, leading the horses. Electric kept shaking her head and snorting and neighing* as she went. And whenever I stood still, she never failed to whine* or bite my horse on the neck.

My father did not come back. A damp mist rose from the river and a fine rain began softly falling. I was terribly bored, and still my father did not come. An old watchman approached me.

"What are you doing here with the horses, young master?" he said. "Let me hold them."

I did not reply. He asked me for tobacco. To get

---

chestnut 밤색의, 밤색 털의 piebald 얼룩말 in a good humor 기분이 좋아서 leapfrog 등 짚고 넘기; 여기서는 말을 타고 하는 놀이이므로 '장애물 뛰어넘기'가 됨 turn off (차·사람이) 옆길로 빠지다 ford 여울, 강의 얕은 부분 bridle 말 굴레, 재갈 neigh (말이) 히힝하고 울다 whine (동물이) 낑낑거리다

rid of him, I took a few steps in the direction in which my father had gone. I walked along the little street to the end and turned the corner. Then I stopped still. In the street, forty paces from me, at the open window of a little wooden house, stood my father. His back was turned to me and he was leaning forward over the windowsill. In the house sat a woman in a dark dress. She was talking to my father. It was Zinaïda.

I was petrified.* This, I confess, I had never expected. My first impulse was to run away. "My father will look around," I thought, "and then I am lost." But a strange feeling, stronger than curiosity, jealousy or fear, held me there. I began to watch. I strained* my ears to listen. My father seemed to be insisting on something. Zinaïda would not consent. I remember the expression on her lovely face even now. It conveyed devotion, grief, love, and a sort of despair. She spoke in monosyllables* and did not raise her eyes although she smiled. In that smile I saw my Zinaïda of old. My father shrugged his shoulders, and straightened his hat on his head. That was always a sign of impatience with him. Then I caught the words, "You must get rid of this."

Zinaïda sat up and stretched out her arm toward him in a pleading gesture. Suddenly, before my eyes, the impossible happened. My father lifted his whip and lashed out* at her arm, which was bare to the elbow. I could scarcely stop myself from crying out. Zinaïda shuddered and looked without a word at my father. She slowly raised her arm to her lips and kissed the streak* of red on it. My father flung away the whip, and ran quickly up the steps and into the house. Zinaïda turned around and with outstretched arms, she too moved away from the window.

My heart sank and with a sort of awe-struck horror, I rushed away down the lane. I went back to the bank of the river. I could not think clearly. I knew that my cold and reserved* father was sometimes seized by fits of fury. All the same,* I could never understand what I had just seen. But I felt that, however long I lived, I could never forget the gesture and the smile of Zinaïda. This image of her was imprinted forever on my mem-

---

petrify 경직시키다, 소스라치게 하다 strain (귀를) 기울이다, 긴장시키다 in monosyllables (yes나 no 등의) 짧은 말로, 통명스럽게 lash out 채찍으로 세게 치다 streak 줄, 선, 줄무늬 reserved 말수가 적은, 내성적인 all the same 그 래도, 여전히

ory. I stared vacantly at the river, and never noticed my tears. "She is beaten," I was thinking, "beaten... beaten...."

My father suddenly lifted his whip
and lashed out at her arm, bare to the elbow.

"Hullo! What are you doing? Give me the mare!*" said father's voice from behind me.

Mechanically I gave him the bridle. He leaped on to Electric. The mare reared* on her haunches,* and leaped ten feet but my father soon subdued* her. He drove the spurs into her sides,* and gave her a blow on the neck with his fist. "Ah, I've no whip," he muttered.

I remembered the swish* and fall of the whip that I had heard so short a time before, and shuddered.

"Where did you put it?" I asked, after a brief pause.

My father made no answer, and galloped on ahead. I overtook* him. I felt that I must see his face.

"Were you bored waiting for me?" he said.

"A little," I said. "Where did you drop your whip?"

My father glanced quickly at me. "I didn't drop it," he replied. "I threw it away."

---

mare 암말 rear (말 등이) 뒷다리로 서다 on one's haunches 웅크린 자세로 subdue 진정시키다 drive the spurs into her sides 말 옆구리를 박차로 꾹 누르다 swish (지팡이·채찍 등의) 휙 소리 overtake 따라잡다

He sank into thought, and dropped his head. And for the first time I saw how much tenderness and pity his face was capable of expressing.

He galloped on again, and this time I could not overtake him. I got home a quarter-of-an-hour after him.

"That's love," I thought, as I sat that night before my writing-table, which was piled with books and papers. "That's passion! To think of bearing a blow from even the dearest hand! But it seems one can, if one loves."

I had grown much older during the last month. My love for Zinaïda, with all its sufferings, struck me as* childish and pitiful* beside this kind of passion. I could hardly understand it and it frightened me.

A strange and fearful dream came to me that same night. I dreamed I went into a low dark room. My father was standing with a whip in his hand, stamping with anger. In the corner crouched* Zinaïda, and not on her arm, but on her forehead, was a stripe* of red. Behind them both towered* Byelovzorov, covered with blood. He opened his white lips, and angrily threatened my father.

Two months later, I entered the university. Within six months my father died of a stroke in Petersburg, where he had recently moved with my mother and me. A few days before his death, he received a letter from Moscow, which upset him deeply. He went to my mother to beg a favor of her and, I was told, he cried – he, my father!

On the very morning of the day when he was stricken down,[*] he had begun a letter to me in French.

"My son," he wrote to me, "fear the love of a woman. Fear that bliss,[*] that poison."

After my father's death, my mother sent a considerable[*] sum of money to Moscow.

---

strike A as B A에게 B의 느낌을 주다 pitiful 비루한, 보잘 것 없는 crouch 웅크리다, 쪼그리고 앉다 stripe 줄(무늬) tower 우뚝 솟다 be stricken down (병으로) 갑자기 쓰러지다 bliss 더 없는 행복 considerable 꽤 많은, 상당한

Chapter 22

Four years passed. I had just left the university, and did not know what to do with myself. I was hanging about* for a time* with nothing to do. One evening I met Meidanov at the theater. He had married, and had entered the civil service,* but he had not changed.

"You know," he said, "that Madame Dolsky's here."

"What Madame Dolsky?" I asked.

"Can you have forgotten her?" he asked. "The young Princess Zasyekin whom we were all in love with, and you too. Do you remember at the country house near the Neskutchny gardens?"

"She married a Dolsky?" I asked.

"Yes," he replied.

"And is she here, in the theater?" I said.

"No," he replied, "but she's in Petersburg. She came here a few days ago. She's going abroad."

"What sort of man is her husband?" I asked.

"He's a splendid fellow, with property," said Meidanov. "He's a colleague of mine in

Moscow. After the scandal of that summer, and its consequences, it was not easy for her to make a good marriage. But with her cleverness, everything is possible. Go and see her. She'll be delighted to see you. She's prettier than ever."

He gave me Zinaïda's address. She was staying at the Hotel Demut. Old memories stirred within me. I decided next day to go to see her, but some business turned up.*

A week passed, and then another. When at last I went to the hotel and asked for Madame Dolsky, I received an unpleasant surprise. I learned that four days before, she had died suddenly in childbirth.

I felt a sort of stab* at my heart. The thought that I might have seen her and had not, and now would never see her, stung me. "She is dead!" I repeated, staring stupidly at the hall porter. I slowly made my way back to the street, and walked on without knowing where I was going. All the past rose at once before me. So this was

---

hang about 방황하다, 어슬렁거리다 for a time 일시, 잠시 enter the civil service 공무원이 되다 turn up (뜻밖의 일이) 생기다(일어나다) stab 찌르기, 찌르는 듯한 아픔

the goal toward which that young, brilliant life had strived.

I imagined those dear features, those eyes, those curls – in the narrow box, in the damp underground darkness. I thought of my father, and of all that had taken place. But as I strained my imagination, these lines were echoing in my heart:

"From lips indifferent, of her death I heard
And indifferently I listened, too."

How little the young care for anything. Nothing touches them. They are masters, as it were, of all the treasures of the universe. Even sorrow gives them pleasure, even grief they can profit from. They are confident and insolent* and think only of themselves. But their days fly by* and vanish without trace, like wax in the sun, like snow. And, perhaps, their charm lies not in* being able to do anything, but in thinking they can do anything. Or perhaps it lies in carelessly throwing aside the things that they cannot make use of. And at the end they say, "Oh, what might I have done if I had not wasted my time!"

And I... what did I hope for? What did I

expect? Why did the death of my first love hard-ly touch me? What has become of all my hopes and dreams? And now, as I approach the evening of my days, what do I have that is more precious than the memories of the early days of my life?

But I am perhaps being too hard* on myself. Even then, in those light-hearted young days, I was not deaf to the voice of sorrow.

A few days after Zinaïda died, I was present at the death of a poor old woman who lived in the same house as my mother and me. She died a hard and painful death, covered with rags, lying on hard boards, with a sack under her head. Her whole life had been passed in the bitter struggle with daily want. She had known no joy and one would have thought that she would rejoice at* death.

But as long as she struggled to breathe, the old woman crossed herself,* and whispered, "Lord, forgive me my sins." Only at her last breath did the look of fear, of horror of the end, vanish

---

indifferent 무관심한, 냉담한 insolent 건방진, 오만한 fly by (시간이) 쏜살같이 지나가다 lie in ···에 있다 hard 매몰찬, 엄한 rejoice at ···을 기뻐하다 cross oneself (가슴에) 성호를 긋다

from her eyes.

It was only then, by the death bed of that poor old woman, that I felt the shock of Zinaïda's death. And I suddenly longed to pray for her, and for my father, and for myself.

Mumu

Two big tears suddenly rolled from his eyes.
One fell on the dog's head
and the other into the soup.

Once, long ago, a widow lived in one of the outlying[*] streets of Moscow. Her house was large and gray with white columns[*] and a balcony. Her sons were in the government service at Petersburg and her daughters were married. She seldom went out and lived alone through the last years of her old age. Her youth was joyless and gloomy and it had long been over. The evening of her life was even more miserable. She had no friends but kept many servants. Some of them had few real duties. Instead, their main occupation was to act as companions[*] to their mistress.[*]

She owned land in the countryside outside of Moscow, and had many serfs[*] who farmed it. Of them, the most remarkable was Gerasim. He was strongly built, twelve inches over the normal height, and had been deaf and dumb from birth. He was born in a small village and grew to adulthood there, working on the land. Of all the peasants, Gerasim was the most punctual[*] in paying his rent and other dues[*] at harvest time. His extraordinary strength made him able to do the work of four men. Any girl would have been glad to marry him, if it were not for his impairment.[*] He lived alone in a little hut, separated from his brothers, but content. Then, one day, the widow decided to bring him to work in her house in Moscow. She bought him boots and good clothing and made him her porter.[*] A broom and a spade replaced his plough[*] and his scythe.[*]

At first Gerasim intensely disliked his new way of life. From his childhood he had been used to field labor and village life. His deafness made him more silent and he had shunned the company[*] of others. When he was taken from his home to Moscow, he could not understand what was happening. He was miserable and confused. His new duties seemed too easy after his hard labor as a peasant. In half an hour all his work was done. Then he would stand in the middle of the

---

outlying 바깥에 있는, 외딴 column 기둥, 원주 companion 이야기 상대, 말동무 mistress 여주인 serf 농노(農奴) punctual 시간(기한)을 엄수하는 dues 부과금, 세금 impairment 손상, 감손 porter 문지기, 수위 plough 쟁기 scythe 낫 company 남들과 어울리기[함께 있기]

courtyard, staring open-mouthed at all the passers-by. Or he would suddenly go off into some corner and sit for hours without stirring, like a caged beast.

But a man can get used to anything and Gerasim eventually got used to living in town. He had little work to do. He had to keep the courtyard clean, bring in a barrel* of water twice a day, and chop and carry wood for the house. He also had to keep out strangers and keep watch at night. And he did his duty eagerly. In his courtyard there was never a speck* of dust or dirt. If he was chopping wood, chips* and chunks* flew in all directions. He was also an enthusiastic watchman.* After he caught two thieves one night and knocked their heads together, there was no need to take them to the police station. And thieves never came to the house again. In fact, everyone in the neighborhood began to treat him with respect after that incident.

Gerasim was not on very friendly terms with the other servants but he treated them as equals. They explained what they wanted by signs, and he understood them. He always carried out orders exactly, but he knew his own rights too, and soon no one dared to take his seat at the table. He was strict and serious and liked order in everything. The other servants were afraid of him.

He was given a little attic room over the kitchen and arranged it to his own liking.* From oak boards, he made a frame for his bed. It was a truly titanic bed and would have easily carried a two-ton weight. Under it was a wooden chest and in a corner stood a little table and a strong, three-legged stool. The attic door was locked with a padlock* and Gerasim had the only key, which he carried with him. He did not like people to come to his room.

A year passed. Among the servants living in the house were laundresses,* carpenters and tailors, a harness maker,* and the widow's doctor. The harness maker, who had trained as a veterinary surgeon,* cared for the servants when they were ill. The widow also had her own shoemaker, by

---

barrel (중배가 불룩한) 통 speck 작은 얼룩(흠) chip 조각, 나무 토막 chunk (장작 따위의) 큰 나무 토막 watchman (건물 등의) 야경꾼, 경비원 to one's liking 마음에 들어, 취미에 맞아 padlock 맹꽁이자물쇠 laundress 세탁부(婦) harness maker 마구(馬具) 제조인 veterinary surgeon 수의사

name Kapiton Klimov, who regarded himself a cultivated* man from Petersburg. He was a sad drunkard who felt his talents were not appreciated.

One day the widow had a conversation about the shoemaker with her head steward,* Gavrila. She expressed her concern at Klimov's drunken behavior and poor morals. The evening before, he had been picked up, drunk, in the street.

"Gavrila," she said, "what if we were to arrange a marriage for Klimov? What do you think? Would he be steadier?"

"Yes, I think so," answered Gavrila. "Marriage would be very good for him, ma'am."

"Yes," said the widow, "but who is to marry him?"

"Ah, that's your choice, ma'am," said Gavrila.

"I fancy he likes Tatiana," she said.

Gavrila was on the point of saying something, but he shut his lips tightly.

"Yes! Let him marry Tatiana," the lady decided. She took a pinch* of snuff.* "Do you hear?"

"Yes, ma'am," said Gavrila.

Gavrila returned to his own room in a little lodge. He sent his wife away, and then he sat

down at the window. He thought about his con-
versation with his mistress and her unexpected
arrangement. Tatiana was a laundress who
worked in the house. She was twenty-eight, thin,
fair-haired,* with moles* on her left cheek.
Moles on the left cheek are regarded as an evil
omen* in Russia – they promise an unhappy life.
And it was true that Tatiana had never been
blessed with good luck. From her earliest youth
she had been badly treated. She had done the
work of two people and had never known affec-
tion. She had been poorly clothed and had
received the smallest wages. She had few rela-
tions. There was an uncle who was a butler* but
he lived somewhere in the country. Her other
uncles were peasants. At one time she had been
pretty, but her good looks had gone now. She had
a poor opinion of* herself and was afraid of
everyone. She thought of nothing except getting
her work done on time. She never talked to any-
one and trembled when she heard her mistress's

---

cultivated 교양 있는, 세련된 steward (가사 일체를 관리하는) 집사 pinch 두
손끝으로 집을 만한 양, 조금 snuff 코담배 fair-haired 금발의 mole 사마귀, 검
은 점 omen 징조, 조짐 butler 집사, 하인 우두머리 have a poor(bad)
opinion of …을 나쁘게 생각하다(얕보다)

name. When Gerasim was brought from the country, she almost fainted at the sight of his huge figure. She did all she could to avoid meeting him. Whenever she had to pass him on her way from the laundry to the house, she ran.

At first, Gerasim paid no special attention to her, then he used to smile when she came his way, then began even to stare admiringly at her. For some reason, he found her appealing. Whether it was the mild expression on her face or the timidity* of her movements, who can tell? One day she was crossing the yard, when someone suddenly grasped her by the elbow. She turned around and screamed. Behind her stood Gerasim. With a foolish smile, he held out to her a gingerbread* rooster with gold tinsel* on its tail and wings. She was about to refuse it but he put it into her hand. Then he grunted* something affectionately to her, and walked away.

From that day onward he gave her no peace. Wherever she went, he was there, smiling, grunting, and waving his hands. Then he would put a ribbon in her hand or sweep the dust out of her way. The poor girl did not know how to behave or what to do. Soon the whole household knew of the dumb porter's infatuation.* Tatiana was teased mercilessly. No one dared to tease Gerasim, however, because he did not like jokes.

One day at dinner, the wardrobe* maid began nagging Tatiana and almost made her cry. Gerasim got up and laid his hand on the wardrobe maid's head. He looked grimly into her face and the poor woman was terrified. Then he forced her head downward until it fell onto the table. No one spoke. Gerasim took up his spoon again and continued eating his cabbage soup.

Another time, when he noticed that Kapiton was gossiping with Tatiana, Gerasim beckoned to him. He led him outside into the shed* where the wagons were kept. Then he picked up a shaft* that was standing in a corner and threatened to beat the shoemaker. Since then, no one teased Tatiana or even spoke to her unless they had to.

The widow heard about what Gerasim had done to the wardrobe maid the same day. But she

---

timidity 겁 많음, 수줍음 gingerbread 생강 빵(쿠키) tinsel (장식용의) 반짝거리는 금속조각 grunt 으르렁(꿍꿍)거리며 말하다 infatuation 홀림, 심취 wardrobe 의류, 옷장 shed 창고, 광 shaft (수레의) 채; 달구지, 수레 따위의 앞쪽 양옆에 댄 긴 나무

only laughed, and next day she sent Gerasim a rouble. She looked on him with favor[*] as a strong and faithful watchman. Gerasim was a little frightened of the widow but was preparing to ask her for permission to marry Tatiana. Then his mistress suddenly took it into her head to marry Tatiana to Kapiton.

The reader will now readily understand the perturbation of mind that overtook Gavrila after his conversation with his mistress.

"My mistress favors Gerasim," he thought, as he sat at the window, "but he is a speechless creature. I could not ask the mistress for permission for him to court Tatiana. And, after all, he'd be a strange kind of husband. But when he finds out they're marrying Tatiana to Kapiton, he'll smash everything in the house!"

At last he got up and sent for Kapiton Klimov. Before long, the shoemaker made his appearance. He did not enter the room, but stopped near the door and leant against the wall. Gavrila looked at Kapiton, and drummed his fingers on the window frame. Kapiton grinned slightly, and passed his hand over his gray hair.

"Well, here I am," he said. "What is it?"

"You're a handsome fellow," said Gavrila. "But just look at yourself. You're a mess!"

Kapiton calmly looked at his shabby coat and his patched* trousers and old boots. Then he looked at Gavrila.

"Well?" he said.

"Well?" repeated Gavrila. "Well? You look like the devil himself, God forgive my saying so."

Kapiton blinked,* and said nothing.

"You've been drunk again, haven't you?" Gavrila said. "Eh? Come, answer me!"

"Yes, I have taken some alcohol, but only because of my poor health," said Kapiton.

"Because of your poor health!" repeated Gavrila. "Nonsense! You're a drunkard. You were apprenticed* in Petersburg but what did you learn there? You do nothing to earn your daily bread."

"In that matter, the Lord God Himself may judge me," said Kapiton, "and no one else. He also knows what kind of man I am, and whether

---

look on... with favor ···을 총애하다, ···에게 찬의를 표하다 patched 헝겊을 대고 기운 blink 눈을 깜박거리다 apprentice 도제로 보내다 cf. be apprenticed to ···의 도제가 되다

I earn my daily bread.* And as to your accusation of drunkenness, I am not to blame. A friend led me into temptation* but got away, while I was..."

"While you were left like a goose, in the street," interrupted the steward. "Ah, Kapiton, you lack any moral strength! But that's not the point. I've something to tell you. Our mistress believes you should be married. Do you hear? She thinks you may be steadier when you're married. Do you understand?"

"To be sure I do," said Kapiton.

"Well, then," said the steward. "I think it would be better to give you a good hiding. But it's her business. Well? Are you agreeable to marriage?"

Kapiton grinned. "Matrimony* is an excellent thing for anyone, Gavrila Andreitch. And I am happy to marry if that is what the mistress wishes."

"Very well, then," replied Gavrila. "But there's one thing. The wife our mistress has picked out* for you is an unlucky choice."

"Why, who is she?" asked Kapiton.

"Tatiana," said Gavrila.

"Tatiana?" repeated Kapiton. He opened his

eyes, and moved a little away from the wall.

"Well, what is the problem?" asked the steward. "Isn't she to your taste?*"

"She's a hard-working, steady girl," said Kapiton, "and I have no problem with the mistress's choice. But you know very well that the porter, that monster, is after her."

"I know all about it," said the steward, "but you see..."

"He'll kill me, by God, he will. He'll crush me like a fly," said Kapiton. "You look at the size of his fists! And he's deaf! If he beats someone he doesn't hear how hard he's beating! He swings his great fists as if he's asleep. And there's no possibility of calming him. He can't hear you speak and he's dim-witted.* Why, he's a sort of beast, with no more brain than a block of wood. What have I done that I should have to suffer at his hands?"

"I know, I know," said the steward.

"Lord, my God!" said the shoemaker. "When

---

earn one's daily bread 그날그날의 양식을 벌다 lead... into temptation ···을 유혹에 빠뜨리다 matrimony 결혼, 혼인 pick out 골라내다 to one's taste ···의 기호에 맞춘, ···의 마음에 드는 dim-witted 바보인

will it end? I'm a poor wretch[*] whose sufferings are endless! What a life mine has been! In my young days, the German I was apprenticed to beat me. In the prime of my life,[*] my own countrymen beat me. Now, when I'm approaching the evening of my life, this is what I have to put up with!"

"Ugh, you poor soul!" said Gavrila. "Such self-pity![*] Why do you carry on[*] about it?"

"Why?" said Kapiton. "It's not a beating I'm afraid of, Gavrila Andreitch. A gentleman may criticize me in private, but I expect to be treated decently in front of others. I'm still a man!"

"Come, get along," said Gavrila impatiently.

Kapiton turned away and staggered[*] off.

"If it were not for Gerasim," shouted the steward, "would you consent to the mistress's wishes?"

"I signify my acquiescence,[*]" retorted[*] Kapiton, as he disappeared.

The steward walked several times up and down the room.

"Well, I'll call Tatiana now," he said at last.

A few minutes later, Tatiana stood in the doorway.

"What are your orders, Gavrila Andreitch?" she said in a soft voice.

The steward looked at her intently.

"Well, Taniusha," he said. "Would you like to be married? Our mistress has chosen a husband for you."

"Yes, Gavrila Andreitch," said Tatiana. "And whom has she named as a husband for me?"

"Kapiton, the shoemaker," said Gavrila. "He's a featherbrained[*] fellow, but that's the reason the mistress chose you to marry him. She thinks you will be good for him."

"Yes, sir," said Tatiana.

"There's one difficulty," continued the old steward. "You know that Gerasim is courting you. How did you come to enchant[*] such a monster? He'll probably try to kill you when he hears the news about you and Kapiton. He's such a bear."

"He'll kill me, Gavrila Andreitch," cried Tatiana. "He'll kill me, and no mistake."

---

wretch 가련한(비참한) 사람 in the prime of life 젊은 시절에, 혈기 왕성할 때에 self-pity 자기 연민 carry on 울고불고하다, 추태 부리다 stagger 비틀거리며 걷다 acquiescence 묵종, 복종 retort (상대의 말을) 맞받아 치다(쏘아붙이다) featherbrained 경솔한, 어리석은 enchant 호리다, 매혹하다

"Kill you?" said the steward. "Well, we'll see about that. What do you mean by saying he'll kill you? Has he any right to kill you? Tell me."

"I don't know whether he has any right or not," said Tatiana. "But I know that he will try."

"But you've made him no promise, have you?" said the steward.

"No," said Tatiana.

The steward was silent for a minute or two. "You're a timid soul!" he said at last. "Well, we'll have another talk later. Now you can go, Taniusha."

Tatiana turned and went away.

"And, perhaps, our lady will forget all about this wedding by tomorrow," thought the steward. "Perhaps I am worrying for nothing! As for Gerasim, we will tie him down if we must or let the police know that he may be dangerous."

All that day Tatiana hardly went out of the laundry. At first she had started crying. Then she wiped away her tears, and set to work as before. Kapiton stayed till late at night at the gin shop with a friend, talking about his troubles. His companion said very little, and finally, they parted in gloomy silence.

Meanwhile, the steward's hopes were not fulfilled. The old widow had not forgotten about Kapiton's wedding arrangement. She was so excited that she talked of nothing else. When Gavrila came to her after morning tea with his report, her first question was, "And how about the wedding?" The steward replied that both parties had been informed of her decision. He told her that Kapiton would visit her to pay his respects* later in the day.

The steward went back to his own room and called the servants to a meeting. The matter of Kapiton's marriage to Tatiana needed serious consideration. As the servants gathered for the meeting, Gerasim sulked* because he was not invited. He seemed to guess that the outcome of the meeting might affect him. He would not budge* from the steps of the maids' quarters.* Kapiton was locked up in the lumber room* before the meeting so that he would not interfere with the process.

---

pay one's respects 문안 드리다, 경의를 표하다 sulk 삐치다, 부루퉁해지다
budge (보통 부정구문에서) 몸을 조금 움직이다 quarters 처소, 숙소 lumber
room 헛간, 광

Gavrila explained to the gathered servants what was at stake.* It would be easy to force Kapiton to do as the mistress wished. But Heaven save them from Gerasim! He would make life difficult for everyone, especially the newlyweds.* The mistress would be upset. It did not bear thinking about! What should they do? They thought and thought, and at last came up with* a solution.

Everyone knew that Gerasim could not bear drunkards. As he sat at the gates, he would always turn away with disgust when anyone passed by with unsteady steps. They decided that Tatiana should stagger past Gerasim, pretending to be drunk. The porter would turn away from her in disgust, and the wedding could take place without interference. The poor girl refused for a long while to agree to this, but at last they persuaded her. She saw that it was the only way of getting rid of Gerasim's unwanted attention. She left the meeting to carry out the plan.

From every corner and from behind every window blind, the servants looked out into the yard. They saw Gerasim sitting near the gates as usual, scraping the ground with a spade. They watched as Tatiana emerged, staggering, from the house. At first, when he saw her, Gerasim nodded as usual, and made affectionate sounds. Then he looked carefully at her and dropped his spade. He stood up quickly and went up to her and looked closely at her face. In her fright, Tatiana staggered more than ever and shut her eyes.

Gerasim took her by the arm and led her roughly across the yard into the room where the meeting had been. As he pushed her toward Kapiton, Tatiana fainted. Gerasim looked at her for a moment. Then he waved his hand, laughed, and went away to his attic. The plan had succeeded beyond the servants' expectations.

For the next twenty-four hours, Gerasim did not leave his room. One of the servants, Antipka, spied on him through a crack in the wall of the attic. The porter was sitting on his bed with his face in his hands. From time to time* he uttered soft sounds while swaying* backwards and forwards with his eyes shut. Antipka could not bear

---

at stake 위험에 처한, 문제가 되는 newlyweds 신혼부부 come up with …을 제안하다(생각해내다) from time to time 때때로 sway 몸을 흔들다

it, and he did not watch for long.

Next day, Gerasim seemed gloomier than usual but he took not the slightest notice of* Tatiana or Kapiton. In a week's time, they were married. Even on the day of the wedding Gerasim showed no obvious change in his behavior. But he came back from the river without water because he had somehow broken the water-barrel. And at night, in the stable,* he washed his horse so vigorously that it had trouble standing upright.

All this took place in the spring. Another year passed, during which Kapiton became a hopeless drunkard. The old widow's plan had failed. Marriage had made no difference to his habits. Finally, she sent him away* with Tatiana to a distant village to live the life of a peasant. On the day of his departure, he pretended that he didn't care where he was sent at first. But soon he began grumbling that he was being taken to live among uneducated people. Then he collapsed* so completely that he needed help to put on his own hat.

When Kapiton and Tatiana were ready to start on their journey, Gerasim came out of his attic. He went up to Tatiana and gave her a parting gift of a red cotton headscarf. Tatiana could not control herself. She had endured one year of a miserable marriage to Kapiton and Gerasim's kindness was too much for her. She burst into tears and kissed Gerasim three times. When the cart left the yard, he walked beside it for a while. He had planned to accompany Tatiana as far as the town gate, but he stopped suddenly at the Crimean ford. Then he waved his hand and walked away along the riverside.

It was getting towards evening. Gerasim walked slowly, watching the water. All of a sudden he saw something splashing in the mud close to the bank. He stooped over* and saw a little white-and-black puppy. It was struggling to get out of the river, but without success. In spite of all its efforts it kept slipping back into the water. It was trembling all over its thin, wet little body. Gerasim picked up the poor little dog, put it inside his coat, and hurried home to his attic. He put it on his bed and covered it with his thick

---

take notice of …을 주목하다, …에게 관심을 보이다 stable 마구간 send... away …을 추방하다(멀리 보내다) collapse 쓰러지다, 맥없이 주저앉다 stoop over 상체를 굽히다

overcoat. Then he ran to the stable for straw, and to the kitchen for a cup of milk. Back in his attic, he spread the straw on the floor and covered it with the coat to make a bed for the puppy.

The poor little thing was not more than three weeks old. Its eyes were just open and it had not been weaned.[*] Gerasim put the cup of milk in front of it, but the puppy did nothing but shiver. It had not learned how to lap[*] milk from a cup. Gerasim gently took hold of its head with two

Gerasim gently took hold of its head with two fingers, and dipped its little nose into the milk.

fingers, and dipped* its little nose into the milk.
The pup suddenly began lapping greedily, shak-
ing itself, and choking.* Gerasim watched it, and
all at once he laughed aloud. All night long he
cared for it, keeping it covered, and rubbing it
dry. He fell asleep at last, and slept quietly and
happily by its side.

No mother could have looked after her baby as
carefully as Gerasim looked after his puppy. At
first, she was very weak, feeble, and ugly. But
gradually she grew stronger and improved in
looks. Eight months later, she had become a very
pretty dog of the spaniel breed.* She had long,
soft ears, a bushy,* curly tail, and large, expres-
sive eyes. She was devoted to Gerasim, and was
never far from his side. She followed him every-
where, with her tail wagging. Although he could
not speak, he had given her a name and the dog
responded to the sound. He called her Mumu.
All the servants in the house liked her and called
her Mumu, too. She was very intelligent and

---

be weaned (아기·동물 새끼가) 젖을 떼다 lap 소리내며 핥아 먹다 dip (살짝) 담
그다 choke 목이 메다, 숨이 막히다 spaniel breed 스패니얼 종: 개의 일종으로
귀가 축 처지고 털이 긴 것이 특징임 bushy 털이 많은

friendly with everyone, but she loved only Gerasim.

Gerasim loved Mumu passionately and he did not like it when other people petted her. Whether he was afraid for her or merely jealous, only God knew. She used to wake him in the morning by pulling at his coat. In the yard, she would take the reins of the old horse in her mouth, and lead it to her master. Every day, she went with Gerasim and the horse to the river to fetch the water. She guarded his brooms and spades, and never allowed anyone to go into his attic. He cut a hole in his door that was just large enough for her to come and go. As soon as she went inside, she would jump onto the bed, curl up,* and go to sleep. She was completely at home there.

At night, Mumu did not sleep at all, but she never barked without a good reason. She was silent unless some stranger passed too close to the fence or there was some suspicious sound. She was an excellent watchdog. There was another dog in the yard but he was never, even at night, let off the chain. In fact, the yard dog, Wolf, was so old and weak that he did not appear to wish for freedom. He used to lie curled up in his kennel,* and only rarely uttered a quiet bark.

Mumu never went into the mistress's house. When Gerasim carried wood into the rooms, Mumu stayed outside. She would impatiently wait for him, pricking up* her ears and listening for the sound of his footsteps.

Another year passed. Gerasim continued his duties as porter and was content with his lot.* And then his life took an unexpected and surprising turn. One fine summer day, the old lady was in the drawing room with her servants. She was in good spirits,* laughing and making jokes. Her servants laughed and joked too, but they did not feel particularly happy. None of them liked it much when their mistress was in a lively mood. She became instantly furious if anyone did not smile with delight at her jokes. And her outbursts of happiness, which never lasted long, were usually followed by a bad-tempered* or gloomy mood. That day she got up early and tried her fortune on the cards, as she did every morning.

---

curl up 몸을 잔뜩 웅크리다 **kennel** 개집 **prick up** (말·개 등이 귀를) 쫑긋 세우다 **lot** 운명 **in good spirits** 기분이 좋아 **bad-tempered** 성질을 부리는, 심술궂은

She took four knaves.* It was a good sign – it meant all her wishes would come true. Her breakfast was particularly delicious and she rewarded her maid with kind words and twopence in money. So far, the old widow's day had been almost perfect.

With a sweet smile on her wrinkled lips, she walked up to the drawing room window. A flower garden was in front of the window, and there, under a rosebush,* lay Mumu. She was busily gnawing* a bone. The lady caught sight of her.

"Mercy on us!*" she cried suddenly to the maid who stood nearest to her. "What dog is that?"

She hesitated before replying. She did not know how the old lady would react to the news that the dog belonged to Gerasim.

"I d... d... don't know," she stammered finally. "I believe it's the dumb man's dog."

"Mercy!" said the old lady. "It's a charming little dog! Order it to be brought in. Has he had it long? How is it I've never seen it before? Order it to be brought in to me now."

The maid ran at once into the hall.

"Stepan!" she shouted to the servant. "Bring

Mumu in at once! She's in the flower garden."

"Ah!" said the old lady. "Her name's Mumu. It's a very nice name."

"Oh, very nice, indeed!" said the maid. "Make haste, Stepan!"

Stepan rushed out into the flower garden and tried to capture Mumu. But she was too quick! With her tail in the air she fled to Gerasim, who was in the kitchen. Stepan ran after her and tried to catch her at her master's feet. As the dog bounded away,* Gerasim watched with a smile. Stepan hurriedly explained to him by signs that the mistress wanted the dog brought in to her. Gerasim was a little surprised but he called Mumu to him. Then he picked her up and handed her over to* Stepan. The footman carried her into the drawing room and put her down on the wooden floor.

The old lady began calling the dog to her in a gentle voice. Mumu, who had never been inside the house before, was frightened. She made a

---

knave 잭: 카드놀이 패 중 하나 rosebush 장미 관목(덩굴) gnaw 갉아먹다
Mercy on us! 어이쿠, 저런, 어쩌나(= Mercy!) bound away 뛰면서 멀리 가다
hand A over to B A를 B에게 넘기다

rush for* the door but Stepan stopped her. Mumu began trembling, and huddled* close up against the wall.

"Mumu, Mumu, come to your mistress," said the lady. "Come, silly thing. Don't be afraid."

"Come, Mumu, come to the mistress," repeated Stepan. "Come along!"

But Mumu did not move.

"Bring her something to eat," said the old lady. "How stupid she is! She won't come to her mistress. What's she afraid of?"

"She's not used to you yet," said one of the servants in a timid voice.

Stepan brought in a saucer of milk, and set it down before Mumu. But the frightened creature would not even sniff at the milk. She still shivered and looked around for a means of escape.

"Ah, what a silly dog you are!" said the lady.

She went up to the dog and reached out her hand to stroke her.

Mumu turned her head abruptly and showed her teeth. The lady hurriedly withdrew her hand. A brief silence followed. Mumu gave a faint whine, as though she wanted to complain and apologize.

The old lady moved away with a frown on her face. The dog's sudden movement had frightened her.

"She's not bitten you, has she?" cried Stepan. "Heaven forbid!* Ah! Ah!"

"Take her away," said the old lady in an unpleasant voice. "Wretched little dog! What a spiteful* creature!"

She turned and went towards her bedroom. The servants looked timidly at one another, and were about to follow her. But she stopped and turned and stared coldly at them.

"What are you following me for? I've not called you," she said. Then she went out.

Stepan picked up Mumu, and flung her outside the door at Gerasim's feet.

Half an hour later, the house was silent. The old lady sat on her sofa looking blacker than a thundercloud.* She did not talk to anyone, did not play cards, and passed a bad night. She fancied the eau-de-Cologne* they gave her was not

---

make a rush for …을 향해 돌진하다 huddle 몸을 움츠리다 Heaven forbid! 저런 세상에! spiteful 짓궂은, 악의에 찬 thundercloud 뇌운(雷雲) eau-de-Cologne 오드콜론; 분무기로 뿌리는 형태의 조금 묽은 향수

the same as she usually had, and that her pillow smelt of soap, and she made the wardrobe maid smell all the bed linen. She was very upset, and nothing satisfied her.

Next morning she called for Gavrila an hour earlier than usual.

"Tell me, please," she said as soon as Gavrila appeared, "what dog was barking all night in our yard? It wouldn't let me sleep!"

"A dog? What dog?" said the old steward. "It may be the dumb man's dog."

His voice was trembling.

"I don't know whether it was the dumb man's or not," said the old woman, "but it wouldn't let me sleep. And I wonder why we have such a lot of dogs! We have a yard dog, haven't we?"

"Oh yes, we have, ma'am," said the steward. "We have Wolf."

"Well, why do we want more dogs?" said the old woman. "There's no one in control in the house, that's the problem. And what does the dumb man want with a dog? Who gave him permission to keep dogs in my yard? Yesterday I went to the window and there it was lying in the flower garden. It was gnawing a filthy bone and crushing my roses."

The lady paused for a moment.

"Get rid of* her today," she said. "Do you hear? Today. Now go. I will send for* you later for a report."

Gavrila went away.

The steward went and woke Stepan and whispered some instructions to him. Stepan responded with something between a yawn and a laugh. He got up, put on his coat and his boots, and went out to stand on the steps. Five minutes later, Gerasim made his appearance with a huge bundle of wood on his back.* As usual, Mumu was trotting along by his side. Gerasim shoved the door open with his shoulder and staggered into the house with his load. Mumu, as usual, stayed behind to wait for him. Stepan suddenly pounced on* her and gathered her up in his arms. Without even putting on his cap, he ran out of the yard with her. He stopped the first cart he met on the road and rode off to the marketplace.

---

get rid of …을 없애다(제거하다) send for …을 부르러 사람을 보내다 with a huge bundle of wood on his back 그의 등에 거대한 장작 다발을 지고
pounce on …에 갑자기 달려들다

He soon found a man who wanted to purchase the dog. He sold her for a shilling, on condition that* her new owner kept her tied up for at least a week. Then he returned to the house. He was afraid to go in at the front gate in case* he met Gerasim. So he went down a back street and jumped over the fence into the yard.

His anxiety was unnecessary, however. Gerasim was no longer in the yard. As soon as the porter came out of the house, he missed* Mumu. She had never failed to wait for him before. He began running up and down, looking for her, and calling her with loud sounds. He rushed up to his attic, and to the hayloft,* and into the street, this way and that.* She was lost! He turned to the other servants and questioned them with signs and an expression of despair. Some of them really did not know what had become of* Mumu, and merely shook their heads. Others, who did know what had happened, smiled at him and said nothing. Gerasim ran out of the yard.

It was dark by the time he came back. It was obvious from his tired face and dusty clothes that he had searched high and low* for Mumu. He stood opposite the windows of the mistress's house and looked at the steps where a group of house-servants were standing. Then he uttered his dog's name once more. Mumu did not answer. The servants watched as Gerasim turned and went away. No one smiled or said a word. Next morning, Antipka reported that the dumb man had been groaning* all night.

All the next day, Gerasim did not show himself. The lady asked Gavrila if her orders had been carried out. Gavrila replied that they had. The next morning, Gerasim came out of his attic and went about his work. He came in to his lunch, ate it, and went out again without a greeting to anyone. His face had always been expressionless but now it seemed to be turned to stone. After dinner, he went out of the yard again but not for long. He came back and went straight up to the hayloft. Night came, a clear moonlit night. Gerasim lay in the hayloft breathing heavily, tossing and turning* from side to side. Suddenly

---

on condition that …의 조건으로 in case (that) …의 경우에 대비하여 miss …이 없음을 깨닫다 hayloft 건초간, 건초 보관장 this way and that 여기저기로, 왔다갔다 하며 become of (what을 주어로 하여) …에게 무슨 일이 생기다 high and low 샅샅이 groan 신음하다 toss and turn 뒤척이다

he felt something pull at his coat. He started, but did not raise his head. Again there was a pull, stronger than before. He jumped up and there, with the remains of a rope around her neck, was Mumu. Gerasim gave a long cry of delight. He picked up Mumu and hugged her tight as she licked his nose and eyes and beard and moustache.

After a while, he crept cautiously down from the hayloft. When he had satisfied himself that[*] no one could see him, he made his way to his attic. Gerasim had already guessed that his dog had been taken away by the mistress's orders. The servants had explained to him by signs that Mumu had snapped at[*] the old woman. He began to plan how he would keep Mumu without the mistress finding out.

First he fed Mumu with a bit of bread and petted her and put her to bed.[*] Then he spent the whole night thinking about how he could conceal her. At last he decided to leave her all day in the attic and visit her from time to time. He would take her out only at night.

He stuffed his old overcoat into[*] the hole in the door so that Mumu could not leave the room.

And almost before it was light he went out into the yard and began his daily chores* as though nothing had happened. It did not occur to him that Mumu would betray herself by whining. It was not long before all the servants were aware that Mumu had come back and was locked up in the attic. But they felt sympathy for Gerasim and his dog, and did not let him know that they knew his secret. The steward scratched his head and thought, "Well, God have mercy on him! If only the mistress doesn't find out!"

Gerasim had never shown such energy as on that day. He cleaned and scraped* the whole courtyard and pulled up every single weed. He pulled up every stake in the fence of the flower garden and drove them in* again. He toiled* and labored so hard that even the old lady noticed his enthusiasm. Twice in the course of* the day Gerasim crept up to his room to see Mumu. And when night came, he lay down to sleep with her in the attic. It was not until two o'clock in the

---

satisfy oneself that …라는 확신이 들다 snap at …에게 달려들어 물다
put... to bed …을 재우다 stuff A into B B를 A로 메워 막다 chores (가정
의) 잡일, 가사 scrape 문질러(긁어, 닦아서) 깨끗이 하다 drive... in …을 박아넣
다 toil 힘써 일하다 in the course of …동안에

morning that he took her out for a walk in the yard.

They were just turning back from their walk when something moved in the back street behind the fence. Mumu pricked up her ears, growled and went up to the fence. She sniffed, and gave a loud, shrill[*] bark. At that moment, the old lady had just fallen asleep after a prolonged[*] fit of nervous agitation.[*] The sudden bark woke her. Her heart began to beat faster and she felt faint.

"Girls, girls!" she moaned.[*] "Girls!"

The terrified maids ran into her bedroom.

"Oh, I am dying!" she said. "It's that dog again! Oh, send for the doctor. The dog, the dog again! Oh!"

And she fell back against her pillows.

The maids rushed for the household physician, Hariton. This doctor was poorly qualified, but he knew how to feel the pulse gently. He came at once and fumigated[*] the room with burnt feathers. When the old lady opened her eyes, he offered her a wineglass containing a drug to calm her. She took it obediently and drank it down. Then she began complaining in a tearful voice about the dog and Gavrila and her fate, declaring that she was a poor old woman and no one cared for her and everyone wished her dead. The doctor stood quietly and appeared to listen sympathetically. In truth, he was thinking of nothing but his warm, cosy bed.

Meanwhile, Mumu had gone on barking, while Gerasim tried in vain to call her away from the fence. "There... there... again," groaned the old lady, and fainted again. The doctor whispered something to the maid, who then hurried into the outer hall. She found Stepan sleeping there and shook him awake. He ran to wake Gavrila, who furiously ordered the whole household to get out of bed.

Gerasim turned around from the fence and saw lights and shadows moving in the windows. He sensed that trouble was coming. He picked up Mumu and ran to his attic and locked himself in.* A few minutes later, five men were banging* at his door. But the door was bolted* and after a few moments, they stopped. Gavrila ordered

---

shrill (목소리 등이) 날카로운 prolonged 오래 끄는, 장기의 agitation 흥분, 동요 moan 신음하다, 투덜투덜 말하다 fumigate 훈증 소독하다 lock oneself in (방 등에) 틀어박히다 bang 세게 치다(두드리다) bolt 빗장을 질러 잠그다

them all to wait there and watch till morning. Then he sent word to the mistress that the dog had come back but she had been caught and would be killed tomorrow. The old lady would probably have continued to complain unless the doctor had given her too much of the calming drug.* It acted quickly and in a quarter of an hour the old widow was in a sound and peaceful sleep. Meanwhile, Gerasim was lying on his bed, holding Mumu's mouth tightly shut.

Next morning the lady woke up rather late. Gavrila was waiting to give the order for a final assault on Gerasim's attic. He had prepared himself to face the old lady's terrible temper but it did not happen. She lay in bed and sent for the eldest of her companions, Liubov Liubimovna. The old lady was fond of playing the part of* a weak and helpless victim. She hoped it would gain her sympathy, but her pretence fooled no one.

"Liubov Liubimovna," she said in a weak voice, "you see how it is. Go to Gavrila Andreitch and talk to him. Can he really care more for the life of some wretched dog than the life of his mistress? I could not bear to think so.

Go to Gavrila Andreitch for me."

Liubov Liubimovna went to Gavrila's room. A short time after, a crowd of people began moving across the yard in the direction of Gerasim's attic. Gavrila walked in front, holding his cap on with his hand. On the narrow staircase leading to the attic sat one guard. At the door stood two more guards, with sticks.

Gavrila went up to the door, knocked with his fist, and shouted, "Open the door!"

A muffled* bark was heard, but there was no answer.

"Open the door, Gerasim," said the steward again.

"But, Gavrila Andreitch," said Stepan, "he's deaf, you know. He doesn't hear."

They all laughed.

"What are we to do?" said Gavrila.

"Why, there's a hole there in the door," said Stepan. "Shake the stick in there."

Gavrila bent down.*

---

calming drug 진정제 play the part of ···의 역을 맡아 하다, 보란듯이 ···하는 척하다 muffled (뒤덮여) 잘 들리지 않는 bend down 몸을 굽히다

"He's stuffed it up with a coat or something," he said.

"Well, just push the coat and it will fall inside the room," said Stepan.

At that moment a smothered[*] bark was heard again.

"See, she speaks for herself,[*]" said someone in the crowd, and they all laughed.

Gavrila scratched his ear.

"No," he said to Stepan, "you can poke the coat in yourself, if you like."

"All right, let me," said the servant.

Stepan took the stick, pushed in the coat, and began waving it about in the opening.

"Come out, come out!" he shouted.

He was still waving the stick, when suddenly the door was flung open. The crowd rushed down the stairs instantly with Gavrila in the lead.[*]

Gerasim stood motionless in his doorway, with his hands on his hips. The crowd gathered at the foot of[*] the stairs. The porter looked down at them. In his red peasant's shirt he seemed like a giant. Gavrila took a step forward.

"Come now," he said, "don't be insolent."

He began to explain to Gerasim by signs that

the mistress insisted on having the dog, and that he must hand Mumu over at once.

Gerasim looked at him, pointed to the dog and made a motion* with his hand around his neck, as though he were pulling a noose* tight.

"Yes, yes," said the steward, nodding his head, "yes, that is so."

Gerasim pointed to Mumu, who stood beside him, innocently wagging her tail. Then he repeated the strangling* action around his neck and slapped his breast. It seemed he was announcing that if Mumu was to be killed, he would do it.

"But you'll deceive us," gestured Gavrila.

Gerasim looked at the steward and smiled scornfully. Then he struck himself again on the breast, and slammed the door.

The crowd of people all looked at one another in silence.

"What does that mean?" said Gavrila. "He's locked himself in."

---

smothered 억제된, 억눌린 speak for oneself 자기 생각을 말하다, 자신을 드러 내 보이다 in the lead 앞장 서서, 선두에서 at the foot of …의 발치에 make a motion 몸짓으로 전하다 noose 올가미 strangle 목졸라 죽이다

"Let him be, Gavrila Andreitch," said Stepan. "He'll do it if he's promised. He's like that, you know. If he makes a promise, it's a certain thing. He's not like the rest of us. The truth's the truth with him. Yes, indeed."

The other servants agreed with him.

"Well, maybe, we will see," said Gavrila. "But we will leave someone here to guard the door. Eroshka!" He shouted and pointed to the gardener. "Eroshka, take a stick and sit here and if anything happens, run to me at once!"

Eroshka took a stick, and sat down on the bottom stair.

The servants went back to their tasks, and Gavrila went home. He sent word to the mistress that everything had been done and he sent for a policeman in case of need.* The old lady sprinkled some eau-de-Cologne on her handkerchief and rubbed her temples* with it. Then she drank some tea and, still under the influence of a sleeping drug, fell asleep again.

An hour later, the attic door opened and Gerasim showed himself. He had on his best coat and was leading Mumu by a rope. Eroshka moved aside and let him pass. Gerasim went to the gates and began walking toward the main road. Gavrila sent Eroshka to follow him. The gardener did as he was told. From a distance, he saw Gerasim go into a restaurant with his dog. He hid and waited for him to come out again.

Gerasim was well known at the restaurant and his signs were understood. He asked for cabbage soup with meat in it, and sat down with his arms on the table. Mumu stood beside his chair, looking calmly at him with her intelligent eyes. Her coat was glossy* and smooth as if she had just been combed. The waiter brought Gerasim the soup. He crumbled some bread into it and cut the meat into small pieces. Then he put the plate on the ground. Mumu began eating with her little muzzle* daintily* held so it scarcely touched her food. Gerasim gazed a long while at her. Two big tears suddenly rolled from his eyes. One fell on the dog's head and the other into the soup. He shaded* his face with his hand. Mumu ate up half the plateful,* and came away from it, licking

---

in case of need 만일의 경우에 대비하여 temple 관자놀이 glossy 광택이 나는, 번질번질한 muzzle (개·고양이 등의) 주둥이 daintily 우아하게, 품위 있게 shade 가리다, 감추다 plateful 한 접시(의 분량)

her lips.

Gerasim got up, paid for the soup, and went out. With a puzzled expression, the waiter watched him leave. When Eroshka saw the porter and his dog leaving the restaurant, he waited until they were some distance away. Then he began following them again.

Gerasim walked without haste, still holding Mumu by a rope. When he got to the corner of the street, he stood still as though thinking deeply. Then he suddenly set off with rapid steps to the Crimean ford. On the way he went into the yard of a house, where a lodge was being built. He picked up two bricks and carried them away under his arm.

At the Crimean Ford, he went to a place where there were two little rowing boats* fastened to stakes. He jumped into one of them with Mumu. A lame* old man came out of a shed in the corner of a garden and shouted after him. But Gerasim only nodded and began rowing vigorously against the current.* In an instant he was two hundred yards away from the bank. The old man stood for a while then he went back to the shed.

Gerasim rowed on and on. Moscow was soon left behind. Meadows, woods, and market gardens* stretched each side of the bank. Peasants' huts began to make their appearance and there was the fragrance of the country. Gerasim suddenly threw down his oars and bent his head down to Mumu, who was sitting facing him. He was motionless with his mighty hands clasped* on her back, while the current gradually carried the boat back toward the town. At last Gerasim sat up with a look of sadness and anger in his face. He tied the bricks to one end of the rope and made a loop* on the other end. He put the loop around Mumu's neck and lifted her up over the river. For the last time, he looked at her. She watched him confidently and without any fear, faintly wagging her tail. He turned away, frowned, and let go. Gerasim heard nothing, neither Mumu's shrill yelp* as she fell, nor the heavy splash of the water. When he opened his eyes again, he saw nothing but small waves

---

rowing boat 노로 젓는 배(= rowboat) lame 절름발이의 current 해류, 조류
market garden (시장에 팔 채소를 재배하는) 채소밭 clasp 꽉 쥐다(껴안다) loop
올가미 yelp (개 등이) 캥캥 짖는(우는) 소리

breaking against the boat.

After Eroshka lost sight of[*] Gerasim on the river, he returned home and reported what he had seen.

"Well, then," said Stepan, "he'll drown her. Once he has promised something, he carries it out."

No one saw Gerasim during the day. He did not have dinner at home. Evening came and the servants gathered together for supper without him.

"What a strange creature that Gerasim is!" said a fat laundry maid. "How silly to upset himself like that over a dog. Upon my word![*]"

"Gerasim has been here," said Stepan as he scraped up his porridge with a spoon.

"How? When?" said one of the servants.

"Why, a couple of hours ago," said Stepan. "I saw him at the gate. He was coming out of the yard. I tried to ask him about his dog but he wasn't in the best of moods, I could see. Well, he gave me a shove.[*] I suppose he only meant to push me out of his way but he gave me a hard blow[*] on my neck. He has a good-sized[*] fist on him, I can tell you." Stepan laughed and rubbed the back of his head.

He put the loop around Mumu's neck
and lifted her up over the river.

---

lose sight of ···을 시야에서 놓치다 Upon my word! 정말 그렇다니까!, 틀림없
다니까! shove 밀어젖히기, 떠밀기 give a hard blow 냅다 후려치다 good-
sized 대형의, 꽤 큰

The other servants all laughed at Stepan, and after supper they separated to go to bed.

Meanwhile, a gigantic figure with a bundle on his shoulders and a stick in his hand was heading away from Moscow. It was Gerasim. He stepped out* on the main road eagerly, hurrying on without looking around. He was going home. After drowning poor Mumu, he had run back to his attic and quickly packed a few things. He tied everything up in a blanket and slung* the bundle over his shoulder. Then he left the old lady's house.

He walked along at a rapid pace and with joyous determination. His eyes were fixed straight before him. He hurried as though his old mother were waiting for him at home, as though she were calling him to her. The summer night was still and warm. Where the sun had set, the horizon was still light with the last glow of the vanished day. Soon it would be dark.

Quails* and corncrakes* were calling to one another in the woods beside the road. Gerasim did not hear them but he smelt the familiar scent of the ripening* grain in the fields. He felt the wind flying to meet him and playing with his hair and his beard. He hurried along, strong and bold as a lion. By sunrise, already thirty miles lay between him and Moscow.

In a couple of days, he was at home in his little hut. After praying before the holy statue, he set off at once to see the village elder. The old man was surprised to see him, but the hay cutting had just begun and Gerasim was a first-rate* mower. The elder immediately gave him a scythe and sent him out to mow the hay. The peasants were astounded as they watched Gerasim's wide sweeping strokes and the heaps he raked* together.

The day after Gerasim left the house in Moscow, the servants noticed he was missing. They went to his attic and looked about and saw that his possessions were gone. They spoke to Gavrila. He came, looked, shrugged his shoulders, and decided the dumb man had either run away or had drowned himself with his stupid dog. They gave information to the police, and

---

step out 기세 좋게 걷다 sling (어깨에) 둘러 메다 quail 메추라기 corncrake 흰눈썹뜸부기 ripening (과일·곡식 등이) 익어가는 first-rate 일류의, 훌륭한 rake (갈퀴 등으로) 긁어 모으다

informed the lady. The old lady was furious and burst into tears. She gave orders that he was to be found and declared she had never ordered the dog to be destroyed.

At last the news came from the country that Gerasim was there. The old lady at first demanded that he be brought back without delay to Moscow. Afterwards, however, she declared that such an ungrateful creature was of no use[*] to her. Soon after this she died, and her heirs[*] had no thought to spare for Gerasim. They let their mother's other servants have their freedom on payment of an annual rent.

And Gerasim is living still, a lonely man in his lonely hut. He is as strong and healthy as ever. He still does the work of four men and is as serious and steady as always. But his neighbors have observed that ever since his return from Moscow he has quite given up the society of women, and that he does not keep even a single dog.

---

be of no use 쓸모없다, 무익하다 heir 상속인, 후계자

명작
우리글로
다시읽기

FIRST LOVE & MUMU
IVAN TURGENEV

첫사랑

1장

P. 14 시계가 12시 반을 쳤을 때 파티는 이미 오래 전에 파한 후였다. 집주인과 함께 방에 남아 있는 사람이라고는 세르게이 니콜라예비치와 블라지미르 페트로비치뿐이었다. 집주인이 벨을 울려, 먹고 남은 만찬 음식을 치우라고 일렀다.

"이제야 조용해졌군요." 집주인은 이렇게 말하고 안락의자에 더욱 깊숙이 몸을 파묻으며 시가에 불을 붙였다. "우리들 각자 자신의 첫사랑 이야기를 하도록 합시다. 먼저 시작하실까요, 세르게이 니콜라예비치 씨?"

세르게이 니콜라예비치는 포동포동한 얼굴에 키가 작고 뚱뚱한 사내였다. 그는 집주인을 바라보더니 눈을 들어 천장을 응시했다.

이윽고 그가 말했다. "저에게는 첫사랑이란 게 없었어요. 저는 두 번째 사랑부터 시작했으니까요."

"그게 무슨 말씀이시죠?" 주인이 물었다.

세르게이가 대답했다. "아주 간단한 이야기죠. 저는 열여덟 살 때 처음으로 어떤 매력적인 젊은 아가씨를 쫓아다녔지요. 하지만 별 감정은 없었습니다. 그 후에 제가 희롱했던 다른 여자들의 경우와 하나도 다를 게 없었으니까요. 솔직히 말하자면, 제가 처음이자 마지막으로 사랑에 빠졌던 것은 여섯 살 때 유모를 좋아한 것이었지요.

P. 15 우리 두 사람 사이에 자세히 무슨 일이 있었는지는 제 기억에서 사라져 버렸습니다. 그리고 설사 기억하고 있다 해도, 누가 그런 이야기에 흥미를 느끼겠습니까?"

"제 첫사랑 이야기도 별반 재미있는 것이 못 됩니다." 주인이 말했다. "저는 지금의 아내인 안나 니콜라예브나를 만나기 전까지는 아무와도 사랑에 빠져본 적이 없었으니까요. 우리 사랑도 더할 나위 없이 순조롭게 진행됐고요. 부모님들이 주선한 결혼이었거든요. 우리는 금세 사랑에 빠졌고, 지체 없이 결혼했습니다. 이제 아시겠지만 제 이야기는 이렇게 몇 마디 말이면 끝나는 수준입니다. 하지만 두 분은 미혼이신 데다 청춘을 다 보낸 나이시지 않습니까? 그래서 두 분에게는 흥미로운 사연이 있을 거라고 생각했죠. 당신이라면 우리를 즐겁게 해 줄 이야깃거리가 있으시겠지요, 블라지미르 페트로비치 씨?"

"사실, 제 첫사랑은 흔한 경우가 아니었습니다." 블라지미르 페트로비치가 내키지 않는 듯 입을 열었다. 그는 이제 머리가 희끗희끗해지고 있는 마흔 살 된 남자였다.

"아!" 집주인이 말했다. "그럼 더더욱 좋지요. 좀 들어볼까요?"

P. 16 블라지미르가 말했다. "원하신다면요… 아닙니다. 이야기하지 않겠습니다. 제가 말재주가 없어서요. 싱겁고 짤막한 이야기가 되거나 장황하고 복잡한 이야기 둘 중 하나가 되고 말 겁니다. 시간을 주신다면 기억나는 대로 글로 써서 여러분께 읽어드리도록 하지요."

그의 두 친구는 처음에는 당장 듣겠다고 우겼지만 블라지미르 페트로비치가 자기 주장을 굽히지 않았다. 2주 후 세 사람은 다시 모였고, 블라지미르 페트로비치는 약속을 지켰다. 그가 쓴 이야기는 다음과 같다.

그 일은 내가 열여섯 살이었던 1833년 여름에 일어났다. 나는 모스크바에서 부모님과 살았는데, 부모님이 칼루가 관문 근처에 있는 시골 별장을 빌려 여름을 나기로 했다. 나는 대학 입학을 준비하고 있었지만 아주 열심히 하는 편은 아니었고, 내게 잔소리하는 사람도 전혀 없었다. 특히 마지막 가정교사가 떠난 다음에는 하고 싶은 대로 하며 지냈다. 그 프랑스인 가정교사는 러시아 생활에 전혀 적응하지 못했다.

아버지는 내게 무덤덤한 친절을 베풀 뿐이었고, 어머니는 내게 거의 무관심으로 일관했다. 내가 외동아이였음에도 어머니는 항상 다른 문제에 마음을 쏟았다. 아직 젊고 무척 준수했던 아버지는 돈 때문에 어머니와 결혼했다. 부유한 가문 출신의 어머니는 아버지보다 열 살 연상이었다.

P. 17 우울한 인생을 살던 어머니는 언제나 불안해하고, 질투하고, 화를 내다시피 했다. 하지만 아버지가 보는 앞에서는 절대 그런 감정들을 드러내지 않았다. 어머니는 아버지를 무척 어려워했고, 아버지는 어머니에게 매정하고, 차갑고, 무관심했다. 나는 지금까지 아버지보다 더 거만하고 자신만만한 남자는 본 적이 없다.

우리는 그 해 5월 9일 성 니콜라이 축일에, 연례 여름 휴가를 보내러 도시를 떠났다. 나는 그 시골 별장에서 보낸 첫 몇 주간을 결코 잊지 못할 것이다. 날씨는 아주 화창했다. 나는 집에 딸린 정원이나 네스쿠치니 공원을 거닐곤 했다. 어떤 때는 걸어서 마을을 둘러싼 관문 밖까지 나가기도 했다. 언제나 책을 한 권 가지고 다녔지만 들여다 보는 일은 드물었다. 외우고 있는 시들이 많았기 때문에 한가로이 걸어 다니면서 종종 싯구를 큰 소리로 읊곤 했다.

그 때의 나는 마음이 시도 때도 없이 심란한 나이였다. 어쩐지 두려움이 느껴지는 것들도 있었고, 그저 모든 것이 놀랍기만 했다. 나는 대부분의 시간을 공상으로 보냈다.

P. 18 끊임없이 기대감에 차 있다가도 때론 슬픈 기분이 들었다. 특별히 아름다운 싯구를 대하거나 눈부신 석양을 바라보면 간혹 눈물이 나기까지 했다. 하지만 그런 눈물과 슬픔 속에서도 청춘의 삶이 주는 달콤한 기쁨을 만끽하고 있었다.

내겐 승마용 말이 한 필 있었다. 나는 말에 직접 안장을 채운 다음 혼자 멀리까지 말을 몰고 나가곤 했다. 이따금 말을 전속력으로 달리면서 내가 마상 시합에 나선 기사라고 상상했다. 바람이 내 귓속에서 휘파람 소리를 내던 기억이 난다! 그리고 하늘을 향해 얼굴을 들면 햇살이 내 영혼을 따뜻하게 녹이는 느낌이 들었다.

우리가 여름을 나기 위해 얻은 별장은 목조 저택과 두 채의 자그마한 곁채로 구성되어 있었다. 왼편에 있는 곁채는 값싼 벽지를 생산하는 작은 공장이 차지하고 있었다. 나는 여러 번 그 공장 쪽에 구경하러 가보았는데 깡마른 소년들이 지친 표정으로 일하고 있었다. 이런 소년 열두 명 정도가 한꺼번에 온 체중을 실어서 지렛대를 당겨야 인쇄기의 무거운 판목을 움직일 수 있었다.

비어 있는 오른편의 곁채 밖에는 '셋집 있음' 이라는 표지가 붙어 있었다. 우리가 이사온 5월 9일에서 3주가 흐른 어느 날, 그 오른편 곁채의 창문에 차양이 올려져 있었다.

P. 19 창문에 여자들의 얼굴이 보여서 나는 어떤 가족이 이사 왔나 보다고 생각했다.

그 날 저녁식사 때 어머니는 집사에게 새로 이사온 사람들에 대해 물었다. 자세킨 공작부인이라는 이름을 들은 어머니는 경의를 표하는 말투로 "아! 공작부인이라고요!"라고 말했다. 하지만 곧 이렇게 덧붙였다. "가난한 공작부인인가 보군?"

"수레를 세 대 빌려서 이사 왔습니다. 전용 마차도 없고, 가구도 유행이 지나고 값싼 낡은 것들뿐이었습니다." 집사가 말했다.

"아, 오히려 잘된 거지." 어머니가 말했다.

아버지가 차가운 눈초리로 바라보자 어머니는 더 이상 아무 말도 하지 않았다.

어쨌든 자세킨 공작부인이 부유한 여인이 아닌 것은 확실해 보였다. 그 곁채는 너무나 작고 조악해서 돈이 조금이라도 있는 사람이라면 그런 집에 살려 하지 않았을 것이기 때문이었다. 하지만 그 당시의 나로서는 그런 이야기는 귀에 들어오지 않았다. '공작부인'이라는 칭호도 나에게 별다른 느낌을 주지 않았다.

2장

P. 20 나는 매일 저녁 별장 정원을 어슬렁거리며 떼까마귀를 찾아 다니는 습관이 들었다. 나는 그 교활하고 탐욕스런 새들을 전부터 항상 증오했다. 나는 한 마리라도 쏘아 죽일 요량으로 그렇게 배회할 때마다 엽총을 들고 다녔다. 공작부인이 곁채로 이사 왔다는 말을 들은 날도 나는 여느 때처럼 정원으로 나갔다. 그 날은 새가 한 마리도 눈에 띄지 않았다. 하지만 어쨌든 나는 새들의 흔적을 찾으며 우리 정원과 곁채를 가르고 있는 낮은 담장 옆을 지나갔다. 담장을 따라 걷고 있을 때 갑자기 어떤 목소리가 들렸다. 담장 너머를 바라본 나는 눈 앞의 광경에 벼락이라도 맞은 듯 놀라고 말았다.

내가 있는 곳에서 몇 걸음 떨어진 담장 건너편에 분홍 줄무늬 드레스를 입은 키 크고 날씬한 소녀가 있었다. 머리에 쓴 하얀 스카프가 머리카락을 전부 덮고 있다시피 했다. 네 명의 젊은 남자가 그녀 주위에 몰려 서 있었다. 내가 보고 있으려니 그녀는 작은 꽃다발로 남자들의 이마를 한 사람씩 돌아가며 때렸다. 그 꽃의 이름은 생각나지 않지만 아이들이 흔히 가지고 노는 종류이다. 활짝 핀 꽃송이는 작은 주머니 모양을 하고 있는데 어떤 단단한 것에 내려치면 탁 하는 소리와 함께 터져 버렸다.

P. 21 젊은 사내들은 아가씨에게 맞을 차례를 목마르게 기다리고 있는 듯했다. 게다가 그녀의 몸짓에는 어딘지 너무나 황홀하고 매력적인 면이 있어서 나는 하마터면 감탄의 소리를 내지를 뻔했다. 나도 그녀에게 이마를 맞을 수 있다면 세상에 있는 것 전부라도 주었을 것이다. 엽총이 손에서 미끄러져 풀 위에 떨어졌고 나는 모든 것을 잊고 말았다. 나는 경외감에 가득 차 그녀의 우아한 목과 사랑스런 두 팔과 흰 스카프 밑으로 보이는 금발머리를 바라보았다. 그녀의 반쯤 감긴 듯한 눈과 긴 속눈썹과 그 눈 밑의 부드러운 뺨이 눈에 띄었다.

"거기, 젊은 친구." 곁에서 누군가가 말했다. "알지도 못하는 젊은 아가씨를 그렇게 쳐다보면 쓰나?"

나는 깜짝 놀라 온몸이 굳어졌다. 담장 건너편 바로 내 근처에 검은 머리를 짧게 자른 남자가 서 있었다. 바로 그 때 그 아가씨가 내 쪽을 쳐다보았고, 그녀의 커다란 회색 눈이 내 눈에 들어왔다. 갑자기 그녀의 얼굴 전체가 떨리는가 싶더니 그녀가 웃음을 터뜨렸다. 흰 치아가 눈부시게 드러나고 눈썹이 위로 치켜 올라갔다. 나는 붉어진 얼굴로 땅에서 엽총을 주워 집안으로 뛰어 들어가 내 방으로 달려갔다.

P. 22 그리고는 침대 위에 몸을 던지고 얼굴을 두 손에 파묻었다. 가슴이 쿵쿵 뛰었다. 몹시 부끄러웠지만 동시에 가슴이 기쁨으로 차 올랐다. 나는 전에 느껴보지 못한 흥분을 느꼈다.

잠시 쉬다가 나는 머리를 빗고 얼굴을 씻은 다음 차를 마시러 아래층으로 내려갔다. 아까 본 젊은 아가씨의 모습이 머릿속에서 지워지지 않았다. 가슴이 뛰는 것은 멈췄지만 그 대신 뭐랄까 달콤한 슬픔이 잔뜩 밀려들었다.

"왜 그러는 거냐?" 아버지가 물었다. "까마귀라도 한 마리 죽였니?"

나는 아버지에게 내가 본 광경을 말하려다가 마지막 순간에 입을 다물었다.

나는 왜 그랬는지는 모르지만 잠자리에 들기 전 한 쪽 발로 서서 빙그르 세 바퀴 돌았다. 그런 다음 머리에 기름을 바르고 침대에 들어가 밤새 늘어지게 잤다. 나는 해가 뜨기 전에 잠시 깨어서 머리를 들었다. 그리곤 환희에 가득 차 사방을 둘러본 다음 다시 잠이 들었다.

3장

P. 23 '어떻게 하면 그녀와 알고 지낼 수 있을까?' 이튿날 아침 잠에서 깨었을 때 가장 먼저 든 생각은 이것이었다. 나는 차를 마시기 전에 정원으로 나가 보았지만 담장에 너무 가까이 가지는 않았다. 아무도 보이지 않았다. 차를 마시고 나서 나는 별장 앞 길을 몇 차례 왔다갔다했다. 그러다 창문을 내다보는 그녀의 얼굴이 보인 것 같아 흠칫 놀라서 부리나케 자리를 떴다.

나는 생각했다. '그녀를 만나야 해. 그런데 어떻게 만나지?' 나는 전날 그녀를 보았을 때의 상황을 아주 작은 부분까지 세세히 떠올려보았다. 무슨 조화인지 나를 보고 웃던 그녀의 모습이 유난히 생생하게 기억났다. 나는 머리를 짜내 여러 가지 방법을 모색해보았지만, 그럴 필요가 없게 되었다. 나의 운명은 이미 정해져 있었던 것이다.

내가 걸어 다니는 사이, 어머니가 새로 온 이웃으로부터 편지를 받았던 것이다. 싸구려 회색 편지지에 쓰고 갈색 밀랍으로 봉인된 편지였다.
P. 24 편지는 공작부인이 교양 없는 단어 사용과 조잡한 필체로 어머니에게 도움을 청하는 내용이었다. 어머니와 친하게 지내는 지위 높은 사람들 중에 공작부인과 부인 자녀들의 운명을 쥐락펴락할 수 있는 인사가 몇 명 있었다. 공작부인은 편지에 이렇게 쓰고 있었다. "저는 귀부인 대 귀부인으로 부인께 도움을 청하는 바입니다." 그러면서 공작부인은 어머니를 방문하는 것을 허락해 달라고 부탁했다.

어머니는 어떻게 해야 할지 결정을 못했다. 아버지는 출타 중이었고 어머니가 달리 의견을 구할 사람이 아무도 없었다. 귀부인에게, 그것도 공작부인이나 되는 사람에게 답장을 하지 않을 수는 없었다. 하지만 어머니는 어떻게 답장을 써야 할지 알 수가 없었다. 러시아어는 맞춤법에 자신이 없었고, 프랑스어로 쪽지를 쓰는 것은 격에 맞지 않는 것 같았다. 어머니는 내게 공작부인 댁으로 가서 어머니가 기꺼이 도와 드릴 용의가 있다는 말을 전하라고 했다. 그리고 공작부인에게 오후 1시에 방문해 주십사 부탁하라고 했다.

공작부인 댁을 방문할, 그리고 어쩌면 그 아가씨를 다시 볼 기회가 생기자 나는 기쁘기도 하고 놀랍기도 했다. 하지만 나는 어머니에게는 그런 감정을 조금도 내비치지 않고 다만 내 방으로 와서 옷을 갈아입었다.

P. 25 나는 새 타이에 연미복을 입고 곁채를 방문할 차비를 했다.

4장

P. 26 곁채 문에서 걸음을 멈췄을 때 나는 벅찬 감정으로 몸이 떨렸다. 출입문이 열리자 좁고 지저분한 복도가 보였다. 거무튀튀한 얼굴을 한 나이 많은 백발의 하인이 다가왔다. 하인의 눈은 작아서 마치 돼지 눈 같았고, 이마에는 깊은 주름이 잡혀 있었다. 그는 누가 뜯어먹다 남은 생선 접시를 들고 나오고 있었다.

"무슨 일이죠?" 하인이 무례한 말투로 말했다.

"자세킨 공작부인이 댁에 계신가요?" 내가 물었다.

"보니파티!" 집 안 쪽에서 어떤 여자가 거친 목소리로 버럭 소리질렀다.

하인은 한 마디 말도 없이 내게서 등을 돌렸다. 그러자 닳아서 헤진 하인의 제복 뒤가 눈에 띄었다. 그는 접시를 바닥에 내려놓고 가버렸다.

"경찰서에 갔었나?" 아까의 여자 목소리였다.

하인은 뭐라고 웅얼거리며 대답했다.

"누가 왔어?" 다시 여자 목소리가 들렸다.

"옆집 젊은 도련님이 오셨습니다." 하인이 중얼거리듯 말했다.

P. 27 "그럼 들어오시라고 해." 여자 목소리가 대답했다.

하인이 다시 나타났다.

"응접실로 들어가 보시죠." 하인은 이렇게 말하며 바닥에서 접시를 집어 들었다. 나는 감정을 추스르고 응접실로 들어갔다.

응접실은 그다지 깨끗하지 않은 자그마한 방이었다. 적당한 자리를 염두에 두지 않고 허둥지둥 배치해 놓은 듯한 가구들은 초라하기 그지 없었다. 창가에 놓인 낡은 안락의자에 50세 가량 된 여인이 머리에 모자도 쓰지 않은 채 앉아 있었는데 추한 몰골이었다. 부인은 낡은 초록색 드레스 차림에 목에는 줄무늬 털 목도리를 감고 있었다. 부인은 작고 검은 눈으로 나를 뚫어져라 쳐다보았다.

나는 부인에게 다가가 허리 굽혀 인사했다.

"자세킨 공작부인께 드릴 말씀이 있어서 왔습니다." 내가 말했다.

"내가 자세킨 공작부인이에요. 당신은 V 씨의 자제분이오?" 부인이 말했다.

내가 대답했다. "그렇습니다. 저희 어머께서 부인께 보내는 전갈을 가지고 왔습니다."

P. 28 "앉아요." 부인이 내게 말했다. 그런 다음 크게 소리질렀다. "보니파티. 내 열쇠 보지 못했나?"

나는 자세킨 부인에게 어머니가 부인의 편지에 대한 답으로 한 말을 전해 주었다. 부인은 굵고 불그스름한 손가락으로 유리창을 두드리며 내 말을 들었다. 내가 말을 마치자 부인은 다시 나를 노려보았다.

"좋아요. 그 때 꼭 가도록 하지요. 그런데 도련님은 무척 젊군요! 실례지만 몇 살이시죠?" 부인이 물었다.

"열여섯 살입니다." 나는 더듬거리며 대답했다.

공작부인은 주머니에서 뭔가 글자가 잔뜩 적힌 기름이 낀 종이를 끄집어 냈다. 그녀는 그 서류를 바로 코 앞까지 올리고 이리저리 뒤적거리기 시작했다.

"좋을 때로군." 부인은 느닷없이 이렇게 말하며 의자 위에서 가만히 있지 못하고 이리저리 몸을 들썩였다. "편하게 생각하시구려. 우리 집은 별로 격식을 차리지 않아요."

'정말 그런 것 같군.' 나는 이렇게 생각하면서, 숨길 수 없는 혐오감을 느끼며 부인을 쳐다보았다.

바로 그 때, 방문이 확 열렸다. 내가 어제 저녁 정원에서 본 아가씨가 문간에 서 있었다. 그녀는 한 손을 치켜들었고, 그녀의 얼굴에 비웃는 듯한 미소가 떠올랐다.

P. 29 공작부인이 말했다. "이 애는 내 딸이에요. 지노치카, 여기는 이웃에 사시는 V 씨의 아드님이시다. 실례지만 이름이 어떻게 되시지요?"

"블라지미르라고 합니다." 나는 자리에서 일어서며, 흥분한 나머지 말을 더듬거리면서 대답했다.

"그럼 부칭(父稱)은요?" 부인이 물었다.

"페트로비치입니다." 내가 말했다.

"내가 전에 이름이 블라지미르 페트로비치인 경찰국장을 한 명 알고 지냈지요." 부인이 나에게 말했다. 그러더니 다시 이렇게 외쳤다. "보니파티! 열쇠 찾지 않아도 돼! 내 주머니 안에 있어."

아가씨는 여전히 비웃음을 띤 얼굴로 나를 쳐다보고 있다가 가볍게 속눈썹을 깜박였다.

"볼데마르 씨와는 이미 구면이죠." 그녀가 말을 꺼냈다. 그녀의 목소리에 나는 온몸에 어떤 달콤한 전율이 흐르는 것을 느꼈다. "그렇게 불러도 될까요?"

"오, 그럼요." 나는 더듬거리며 대답했다.

"지금 딱히 하실 일이 있나요?" 아가씨가 내게서 눈을 떼지 않은 채 물었다.
P. 30 "오, 아뇨." 내가 대답했다.

"내가 털실 감는 것을 좀 도와주시겠어요?" 그녀는 이렇게 묻고 말을 이었다. "이리로 들어오세요. 제 방으로요."

그녀는 내게 고갯짓을 하고 응접실을 나갔다. 나는 그녀를 따라갔다.

우리가 들어간 방에 있는 가구들은 상태가 좀 나았고 격조 있게 배치되어 있었다. 어떤 것도 제대로 눈여겨볼 여유가 없었던 것을 고려하면 내가 그때의 주변상황을 조금이나마 기억하고 있다는 것이 놀랍다. 나는 꿈을 꾸듯 몸을 움직였고 어떤 강렬한 환희가 몰려와 내 마음속의 다른 모든 것을 몰아냈다.

공작의 딸은 자리에 앉아 붉은 색 털실 한 타래를 꺼내 들더니, 내게 맞은편에 앉으라는 손짓을 했다. 그녀는 조심스레 실타래를 풀어 내 양손에 걸었다. 그러는 내내 그녀는 아무 말도 없이 살짝 열린 입술에 계속 그 밝고 능청스런 미소를 흘리고 있었다. 그녀는 털실을 카드에 감기 시작했다. 그러다가 갑자기 너무나 빛나는 눈길로 나를 바라보는 바람에 눈이 부셔서 나는 눈을 내리깔고 말았다. 그녀가 눈을 최대한 크게 뜨면 얼굴 분위기가 완전히 변했다. 마치 광채가 홍수처럼 넘쳐 흐르는 듯한 모습이었다.

"어제 나를 보고 어떻게 생각했어요, 볼데마르 씨?" 그녀는 잠시 잠자코 있다가 이렇게 물었다. "나를 나쁘게 생각했을 테지요, 그렇죠?"
P. 31 나는 당황하여 더듬거리며 대답했다. "저는… 아가씨, 아무 생각도

하지 않았습니다… 제가 감히 무슨…?"

그녀가 말했다. "이봐요, 당신은 아직 나를 잘 몰라요. 나는 아주 특이한 사람이에요. 나는 언제나 솔직한 이야기를 듣고 싶어하죠. 방금 듣기론 당신이 열여섯 살이라던데, 나는 스물한 살이에요. 내가 훨씬 손위라는 것을 알았을 테니, 이제 당신은 내게 항상 사실대로 말해야 되고, 또 내가 하라는 대로 해야 돼요. 나를 봐요. 왜 나를 보지 않는 거죠?"

나는 여전히 난처하고 부끄러웠다. 그렇지만 눈을 들어 그녀를 보았다. 그녀는 미소를 지었는데 아까와는 달리 나를 인정하는 듯한 미소였다.

"나를 봐요." 그녀가 부드러운 목소리로 말했다. "나는 당신 얼굴이 마음에 들어요. 우리가 서로 친구가 될 수 있을 거라는 느낌이 드네요. 그런데 당신은 내가 마음에 드나요?"

내가 입을 떼었다. "아가씨… 저는…"

그녀가 말을 가로막았다. "우선, 당신은 나를 지나이다 알렉산드로브나고 불러야 해요. 그리고 둘째, 어린아이가… 아니 젊은 사람이 자신이 느끼는 바대로 말하지 않는 건 나쁜 버릇이에요. 내가 마음에 들지요, 그렇지 않나요?"

P. 32 그녀가 내게 그렇게 거리낌 없이 이야기하는 것이 신나는 일이기는 했지만 언짢은 기분이 완전히 가시지는 않았다. 나는 그녀가 그저 어린아이를 상대하고 있는 것이 아니라는 것을 보여 주고 싶었다. 나는 거침없으면서도 진지한 태도로 말하려고 애썼다.

"물론입니다. 아가씨가 아주 마음에 듭니다, 지나이다 알렉산드로브나 양. 그걸 숨기고 싶은 마음은 추호도 없습니다."

"당신에게 가정교사가 있나요?" 그녀가 불쑥 물었다.

"아뇨. 가정교사 없이 지낸 지 아주, 아주 오래 되었습니다." 내가 대답했다.

그것은 거짓말이었다. 내가 그 프랑스인 가정교사와 헤어진 것이 채 한 달도 되지 않았기 때문이었다.

"오! 알겠어요. 그럼 이젠 어른이 다 된 셈이군요." 그녀가 말했다.

그녀는 내 손가락을 가볍게 톡톡 두드렸다.

"손을 똑바로 들어요!" 그녀는 이렇게 말하고 다시 틸실을 감기 시작했다.

그녀가 고개를 숙인 틈을 타서 나는 그녀의 모습을 바라보았다. 그녀의 얼굴은 전날 저녁보다도 훨씬 더 매력적으로 보였다. 얼굴 윤곽 하나하나가 섬세하고 총명하고 예쁘기 그지 없었다. 그녀는 흰 차양이 쳐진 창문에 등을 대고 앉아 있었다. 차양을 통해 밀려드는 햇살이 그녀의 금발 곱슬머리와 가느다란 목과 둥그스름한 어깨를 부드럽게 비추었다.

P. 33 나는 그녀를 물끄러미 쳐다보았다. 어느덧 그녀는 내게 너무나 가깝고 소중한 존재가 되어 버린 것이다! 그녀를 만나기 전의 내 인생은 존재하지 않았던 것 같은 느낌이었다.

그녀는 어두운 색의 낡은 드레스에 앞치마를 받쳐 입고 있었다. 나는 그녀가 입은 옷 주름 하나하나에 기쁜 마음으로 키스하고 싶은 생각이 들었다. 그녀가 신은 작은 구두 코가 치마 아래로 삐죽 나와 있었다. 나는 그 구두에 엎드려 절하고 싶을 정도였다. 그녀의 모든 부분이 사랑스러웠다.

'내가 그녀 앞에 앉아 있다니. 그리고 그녀와 아는 사이가 되었다… 세상에, 이렇게 행복한 일이 생기다니.' 나는 이런 생각이 들었다.

나는 환희에 넘쳐 하마터면 의자에서 벌떡 일어날 뻔했으나 마치 사탕과자를 받은 어린아이처럼 그저 두 다리를 조금 버둥거렸을 뿐이었다. 날아갈 듯 행복한 마음에 그 방에서 영원히 머물러 있을 수도 있을 것 같았다.

그녀가 눈꺼풀을 천천히 들어 올리더니 다시 한 번 나를 쳐다보며 상냥하게 웃었다.

"나를 정말 뚫어져라 쳐다보는군요!" 그녀가 천천히 말했다.

P. 34 나는 얼굴이 붉어졌다. 그리고 생각했다. '무엇이든 다 알고 있구나. 그럼, 어떻게 모를 리가 있겠어? 다 보이겠지.'

그 때 갑자기 옆방에서 무슨 소리가 났다. 군도(軍刀)가 절그럭거리는 소리 같았다.

"지나!" 응접실에서 공작부인이 외쳤다. "비엘로브조로프가 새끼 고양이를 가져왔다."

"새끼 고양이!" 지나이다가 소리쳤다. 그녀는 의자에서 일어나 털실을 내무릎 위에 내동댕이치고 응접실로 달려나갔다.

나도 일어나 감아놓은 실타래와 털실 뭉치를 창턱에 얹어 놓은 다음 응접실로 나갔다. 방 한가운데에 얼룩 무늬 새끼 고양이 한 마리가 앞발을 쭉 뻗고 누워 있었다. 지나이다가 고양이 앞에 무릎을 꿇고 앉아서 고양이의 작은 얼굴을 조심스레 받쳐들고 있었다. 노부인의 곁에는 체격 좋은 젊은 사내가 서 있었는데 금발에 고수머리였다. 얼굴은 불그스름하고 눈은 툭 튀어나왔으며 옷은 경기병(輕騎兵) 차림이었다.

지나이다가 말했다. "정말 신기하게도 생겼네! 눈은 회색이 아니라 초록색이고, 저 길쭉한 귀 좀 봐! 고마워요, 빅토르 예고르이치! 친절하기도 하시지."

그 경기병은 내가 전날 저녁에 본 젊은 남자들 중 한 사람이었다. 그가 미소를 지으며 고개 숙여 답례한 뒤 말했다.

P. 36 "어제 귀가 긴 얼룩 고양이 새끼를 가졌으면 좋겠다고 말씀하시지 않았습니까? 그래서 제가 한 마리 구해 왔죠. 당신의 말은 곧 법이니까요." 말을 마치고 남자가 다시 고개 숙여 인사를 하자, 그의 군도도 쨍그랑 거리며 소리를 냈다.

새끼 고양이가 가냘프게 야옹 소리를 내더니 킁킁거리며 방바닥 냄새를 맡기 시작했다.

지나이다가 외쳤다. "배가 고픈가 봐! 보니파티, 소냐! 우유를 좀 가져와."

색이 바래고 낡은 옷을 입은 하녀가 접시에 우유를 담아 가지고 와서 새끼 고양이 앞에 놓았다. 고양이는 움찔하더니 눈을 깜박이다가 핥아먹기 시작했다.

"어쩌면 혓바닥이 저렇게 조그맣고 빨갛지!" 지나이다가 말했다. 그녀는 머리를 바닥에 대다시피하고 새끼 고양이를 신기한 듯이 보았다.

우유를 핥아먹을 만큼 먹은 새끼 고양이는 가르랑거리며 앞발을 움직였다. 지나이다는 일어나서 하녀를 향해 무덤덤한 말투로 내뱉었다. "고양이를 데려가."

"새끼 고양이를 데려온 대가로 당신의 한 손을 잡게 해 주십시오." 경기병이 말했다.

"두 손 다요." 지나이다가 이렇게 대답하며 양손을 남자에게 내밀었다.

남자가 그녀의 두 손에 키스할 때 그녀가 그의 어깨 너머로 나를 쳐다보았다.

나는 그대로 선 채 그 모습을 보면서 웃어야 할지, 아니면 뭐라도 말을 해야 할지, 잠자코 있어야 할지 도무지 알 수가 없었다.

P. 37 그 때 열어놓은 문으로 우리 집 하인 표도르가 복도에 있는 것이 보였다. 표도르가 내게 손짓을 했고, 나는 그가 있는 곳으로 나갔다.

"왜 그래?" 내가 물었다.

그가 소곤거리며 말했다. "어머님께서 도련님을 데려오라고 하셨습니다. 답변을 가지고 빨리 오지 않으신다고 화가 나셨어요."

"왜? 내가 여기 오래 있기라도 했나?" 내가 물었다.

"한 시간 넘게 계셨습니다." 표도르가 대답했다.

"한 시간이 넘었다고!" 나는 그의 말을 따라 했다. 그리고 응접실로 다시 들어가 인사를 올리기 시작했다.

"어디로 가는 건데요?" 지나이다가 물었다.

"집에 가야 해서요." 나는 이렇게 말하고 노부인을 바라보며 덧붙였다. "저희 어머니께는 부인께서 2시 경에 방문하실 거라고 말씀드리겠습니다."

"그렇게 전해 줘요, 젊은 양반." 공작부인이 말했다. 부인이 코담뱃갑을 꺼내서 어찌나 요란스럽게 코담배를 들이마시는지 내가 깜짝 놀라 움찔했을 정도였다. "그렇게 전해 줘요." 부인이 되풀이해서 말했다.

P. 38 그녀는 눈물이 글썽한 눈을 깜박이더니 재채기를 했다.

나는 다시 한 번 허리 굽혀 절했다. 그런 다음 뒤돌아 서서 방을 나왔다. 어색한 느낌이 등골에 전해왔는데, 그것은 사람들이 자신의 모습을 주시하고 있다는 것을 알 때 으레 소년들이 느끼는 그런 기분이었다.

"다음에 꼭 또 놀러 오세요, 볼데마르 씨." 지나이다가 이렇게 외치고는 다시 소리내어 웃었다.

'저 여자는 왜 항상 웃기만 할까?' 나는 표도르와 함께 집으로 돌아오며 이런 생각을 했다. 표도르는 나에게 아무 말이 없었고 다만 못마땅한 기색으로 내 뒤에서 걸어왔다.

어머니는 나를 꾸짖었고, 도대체 공작부인 집에서 무엇을 하며 그렇게 오래 지체했는지 궁금해했다. 나는 대답하지 않고 내 방으로 와버렸다. 갑자기 몹시 슬픈 마음이 들어서 울지 않으려 안간힘을 써야 했다. 나는 그 경기병에게 질투를 느끼고 있었던 것이다.

5장

P. 39 공작부인은 약속대로 어머니를 찾아왔지만 어머니에게 나쁜 인상을 남겼다. 그 날 저녁식사 때 어머니는 입만 열면 얼굴을 찌푸릴 공작부인에 대한 험담을 늘어놓았다. 어머니는 아버지에게 그 늙은 공작부인은 저속한 여자라고 말했다. 공작부인이 어머니에게 사정사정하면서 세르게이 공작에게 청을 넣어 자신의 일에 힘을 쓰게 해달라고 했던 것이다. 공작부인이 여러 사람들과 법정소송에 휘말려 있는 모양이었다. 어머니는 공작부인을 아주 성가신 사람으로 여겼다. 그렇지만 어머니는 공작부인과 그 딸을 다음날 만찬에 초대했다고 말했다. 어쨌거나 이웃이고 작위가 있는 사람이기 때문이었다.

아버지는 어머니에게 공작부인이 누군지 이제야 생각났다고 말했다. 아버지는 젊은 시절 부인의 남편 자세킨 공작과 알고 지냈다고 했다. 자세킨 공작은 교육을 많이 받은 사람이기는 했지만 실없는 사람이었고, 사교계에서는 '파리 사람'이란 별명으로 불렸다.

P. 40 그런 별명이 붙은 이유는 공작이 파리에서 오랫동안 살았기 때문이었다. 공작은 매우 부유했지만 도박으로 전 재산을 탕진했다. 그리고 무슨 이유인지는 모르겠지만, 아마도 돈 때문에 자기보다 신분이 낮은 여자와 결혼했다. 결혼 후 공작은 투기사업에 손을 댔다가 완전히 파산하고 말았다.

"제발 돈을 빌려 달라는 말이나 하지 말아야 할 텐데." 어머니가 말했다.

"그럴 가능성이 높지." 아버지가 덤덤하게 말했다. "공작부인이 프랑스어는 하던가?"

"아주 서툴러요." 어머니가 말했다.

아버지가 말했다. "흠, 사실 그건 중요한 게 아니지. 그런데 당신, 그 딸도 만찬에 초대했다고 했소? 누가 그러는데 그 딸은 아주 예쁘고 교양 있고 똑똑한 아가씨라더군."

"아! 그럼 딸이 자기 어머니를 닮지 않은 게 분명하군요." 어머니가 말했다.

"아버지를 닮은 것도 아니지." 아버지가 말했다. "그 아버지는 교육을 받았을지는 몰라도 영 모자란 사람이었으니까."

어머니는 한숨을 내쉴 뿐 아무 대답도 하지 않았다. 아버지도 더는 아무 말 하지 않았다. 이런 대화가 오가는 내내 나는 좌불안석이었다.

식사 후 나는 정원으로 나갔지만 총을 들고 가지는 않았다.

P. 41 나는 자세킨 공작부인 집 정원 근처에는 가지 않겠다고 다짐했지만 나도 모르게 그 쪽으로 갔다. 담장에 채 이르기도 전에 지나이다의 모습을 발견했다. 이번에는 혼자 있었다. 그녀는 두 손으로 책을 받쳐들고 오솔길을 따라 천천히 걸어오고 있었다.

그녀는 나를 보지 못했다. 나는 그녀가 거의 지나가 버릴 때까지 가만히 있다가 돌연 마음을 바꾸고 기침을 했다.

그녀는 몸을 돌렸지만 걸음을 멈추지는 않았다. 그녀는 한 손으로 밀짚모자에 달린 넓적한 푸른색 리본을 밀어 올렸다. 바로 그 때 나를 발견하고 조용히 미소짓더니 다시 책으로 고개를 숙였다. 나는 모자를 벗어 들고 잠시 망설이다가 무거운 마음으로 발길을 돌렸다. 등 뒤에서 귀에 익은 발자국 소리가 들렸다. 주위를 둘러보니 아버지가 특유의 가볍고 빠른 걸음걸이로 내 쪽으로 걸어오고 있었다.

"저 여자가 공작부인 댁 딸이냐?" 아버지가 물었다.

"네."

"저 여자를 아니?"

"네, 오늘 아침 공작부인 댁에서 만났어요." 내가 대답했다.

P. 42 아버지는 더는 묻지 않고 돌아서서 그 집 쪽으로 걸어갔다. 지나이다와 나란히 걷게 되자 아버지는 그녀에게 정중하게 허리 굽혀 인사했다. 그녀는 조금 놀란 표정으로 아버지에게 인사하더니 책을 완전히 내렸다. 나는 아버지를 바라보는 그녀의 시선을 보았다. 아버지는 나름대로 깔끔한 방식으로 항상 완벽한 옷차림을 하고 다니는 분이셨다. 하지만 아버지의 모습이 바로 그 순간만큼 우아해 보였던 적은 없었던 것 같았다. 아버지의 회색 모자도 그의 검은 고수머리 위에 그토록 멋지게 얹혀 있었던 적이 없었던 듯했다.

나는 지나이다 쪽으로 걸음을 뗐지만 그녀는 내 쪽은 거들떠 보지도 않았다. 그녀는 다시 책을 들어 올리고 곁채 쪽으로 한가로이 걸어갔다.

6장

P. 43 그 날 저녁 내내 그리고 다음날도 나는 처량한 기분이었다. 공부를 하려고 노력해 보았지만 집중할 수가 없었던 것을 지금도 기억한다. 나는 책의 같은 구절을 열 번이나 되풀이해서 읽었다. 아무것도 머리에 들어오지 않아서 책을 던져 버리고 말았다. 만찬 전에 나는 다시 머리에 기름을 바르고 향수를 뿌린 다음 연미복을 입고 넥타이를 맸다.

"그게 무슨 차림이냐?" 어머니가 이렇게 물으며 말했다. "아직 대학에 간 것도 아니고, 그보다는 네가 시험에 붙을지 어떨지는 아무도 모르잖니. 거기다 새로 마련해준 재킷은 어쨌니? 그걸 벗어 던질 작정이냐!"

"손님이 오시잖아요." 나는 절망적으로 중얼거리다시피 말했다.

"말도 안 된다! 손님은 무슨 손님이야! 가서 옷을 갈아 입거라!" 어머니가 말했다.

어머니 말에 따를 수밖에 없었다. 나는 연미복을 짧은 재킷으로 갈아 입었지만 넥타이는 풀지 않았다.

P. 44 공작부인과 그녀의 딸은 만찬이 시작되기 30분 전에 모습을 드러냈다. 노부인은 전날 입고 있던 녹색 드레스에 노란색 숄을 두르고 유행이 지난 모자를 쓰고 있었다. 부인은 곧바로 자신의 경제 형편에 대한 말을 늘어 놓았다. 한숨을 내쉬며 궁핍한 생활에 대해 앓는 소리를 하더니 도와 달라고 부탁했다. 그녀는 남의 집에 있다는 것을 전혀 거리끼지 않고 여느 때와 다름 없이 요란하게 코담배를 들이마셨다. 자신이 공작부인이라는 생각을 못하는 것 같았다.

반면 지나이다는 당당하고 품위 있었으며, 어느 한 군데 나무랄 데 없이 공작의 딸다운 모습이었다. 그녀가 매우 낯설게 느껴졌다. 그녀는 연한 푸른색 꽃 무늬가 있는 밝은 색 드레스를 입고 있었다. 머리는 영국식으로 길고 곱슬곱슬하게 내려뜨렸다. 그 머리 모양은 그녀의 쌀쌀맞은 표정과 잘 어울렸다. 아버지는 식사 때 지나이다의 옆에 앉아서 차분하고 정중한 태도로 그녀를 상대했다. 아버지는 가끔 그녀를 힐끗힐끗 쳐다보았고 그녀도 아버지를 훔쳐보곤 했다. 하지만 그들의 표정은 어색했고 적의가 느껴지기까지 했다. 두 사람은 프랑스어로 대화를 나누었다. 지금도 기억나는데, 나는 원어민과 다를 바 없는 지나이다의 발음에 깜짝 놀랐다. 그녀는 내게는 신경도 쓰지 않았다.

노부인은 엄청나게 먹어대면서 요리를 칭찬했다.

P. 45 어머니는 지루한 기색이 역력했고, 예의를 갖추기는 했지만 심드렁한 태도로 부인을 대하고 있었다. 아버지는 이따금 보일락 말락 할 정도로 인상을 썼다. 어머니 마음에 들지 않은 것은 지나이다도 마찬가지였다.

어머니는 다음날 이렇게 말했다. "오만불손한 말괄량이 같으니라고. 자기가 거만하게 굴 일이 있기나 한가? 프랑스 하류 계층 계집보다 나을 것이 없는 주제에 말이야!"

"당신이 프랑스 하류 계층 여자를 한 번도 본 적이 없는 것이 분명하군." 아버지가 말했다.

"볼 일이 없었으니 다행이지 뭐예요!"

"물론 다행한 일이지. 그런데 본 일도 없으면서 어떻게 그 사람들을 두고 이러니 저러니 말할 수 있단 말이오?"

식사가 끝나자마자 공작부인은 가겠다고 일어섰다.

"두 분의 호의에 큰 기대를 걸겠습니다." 부인이 어머니와 아버지에게 서글픈 표정으로 말했다. "도움을 청할 사람이 아무도 없어서요! 한때는 좋은 시절도 있었지만 모두 옛날 일이 되고 말았어요. 저는 공작부인이긴 하지만 입에 풀칠할 것도 없는 처지다 보면 그건 별 영광이 되지 못하죠!"

아버지는 부인에게 공손히 인사한 다음 현관문까지 배웅했다. 나는 그대로 자리에 서서 서글픈 눈으로 바닥을 내려다보기만 했다. 그 날 저녁 지나이다가 내게 보인 태도 때문에 완전히 좌절했던 것이다.

P. 46 그러니 그녀가 지나가면서 내게 이렇게 속삭였을 때 나는 그저 놀라고 말았다.

"8시에 우리 집에 놀러 와요. 들었어요? 꼭 와요."

내가 뭐라고 대답하기도 전에 그녀는 이미 나가 버리고 없었다.

7장

P. 47 나는 연미복을 입고 머리를 새로 빗질한 채 8시에 곁채의 현관 복도

에 들어섰다. 전에 본 나이든 하인이 화난 얼굴로 나를 노려보고는 앉아 있던 긴 의자에서 몸을 일으켰다. 응접실에서 여러 사람의 즐거운 목소리가 들렸다. 방문을 연 나는 깜짝 놀라 뒤로 물러섰다. 지나이다는 방 한가운데에 놓인 의자 위에 서 있었다. 그녀는 남자 모자 하나를 앞에 받쳐 들고 있었고, 그녀가 서 있는 의자 주위에는 다섯 명의 남자들이 모여 서 있었다. 남자들은 그 모자에 손을 집어넣으려 애쓰고 있었고, 여자는 모자를 그들의 머리 위로 높이 쳐들었다. 나를 보자 그녀가 외쳤다. "손님이 또 한 분 오셨네! 저 사람에게도 표를 주어야지요!" 그녀는 의자에서 가볍게 뛰어내려 내 팔을 잡았다.

그녀가 말했다. "이리 와요. 왜 거기 서 있어요? 신사분들, 저희 이웃집 아드님이신 볼데마르 씨를 소개해 드리죠." 그런 다음 그녀는 다른 손님들을 소개했다.

P. 48 말레프스키 백작, 의사 선생인 루신, 시인인 마이다노프, 예비역 대위 니르마츠키, 그리고 경기병 비엘로브조로프였다. 경기병은 전에 본 그 사람이었다. "서로 사이 좋게 지내시길 바래요." 그녀가 말했다.

나는 너무나 당황스러워서 누구에게도 제대로 인사조차 하지 못했다.

지나이다가 다시 말했다. "말레프스키 백작님! 볼데마르 씨에게 표를 써 주세요."

"그건 불공평한데요." 백작이 말했다. 그는 잘생긴 얼굴에 화려하게 차려입고 있었는데, 표정이 풍부한 갈색 눈을 지녔고 말투에는 폴란드 억양이 살짝 섞여 있었다. "이 신사분은 저희들이 하는 벌칙 놀이에 참여하지 않았으니까요."

"공정하지 않아요." 니르마츠키가 맞장구를 쳤다. 그는 40세쯤 된 사내였는데 얼굴에 마맛자국이 있었고 흑인 같은 곱슬머리를 하고 있었다. 군복을 걸치고는 있었지만 단추도 채우지 않은 채였다.

"내가 이 사람에게 표를 써주라고 했잖아요." 지나이다가 말했다. "볼데마르 씨는 처음으로 우리와 자리를 함께 하는 것이니만큼 아직 이 분에게 적용한 규칙은 없어요. 투덜대봤자 소용없어요. 표를 써 주세요. 내가 원하는 거예요."

백작은 어깨를 으쓱해 보였지만, 허리를 굽혀 인사했다. 그런 다음 펜을 들고 종잇조각을 찢어서 그 위에 뭔가를 썼다.

P. 49 "적어도 볼데마르 씨에게 게임 규칙을 설명해 드리는 것은 괜찮겠죠." 루신이 빈정대는 말투로 말했다. "그렇지 않으면 어떻게 노는지 모를 테니까요. 젊은 친구, 우리가 지금 벌칙 놀이를 하고 있는 것이 보이시오? 우린 각자 표를 잡는데, 행운의 표를 뽑는 사람이 아가씨의 손에 키스할 수 있는 특권을 누리는 거지요. 내가 한 말, 알아들었소?"

지나이다가 다시 의자 위로 뛰어 올라가서 모자를 흔들어대기 시작했다. 남자들은 모두 그녀에게로 손을 뻗었다. 잠시 머뭇거리다가 나도 그들에 합류했다.

지나이다가 야윈 얼굴을 한 키 큰 젊은이에게 말했다. "마이다노프, 당신은 시인이니까 아량이 있어야 돼요. 당신 표를 볼데마르 씨에게 양보하세요. 볼데마르 씨가 한 번이 아니라 두 번의 기회를 갖도록 말이에요."

하지만 마이다노프는 싫다며 고개를 저었다. 내가 마지막으로 모자에 손을 넣었다. 집은 표를 펼쳐 보았을 때 그 위에 "키스!"라는 단어가 써있는 것을 보고 나는 내 눈을 의심하지 않을 수 없었다.

"키스!" 나는 엉겁결에 큰소리로 외쳤다.

P. 50 "브라보! 이 분이 뽑혔어요." 지나이다가 재빨리 말했다. "정말로 기뻐요!" 그러면서 그녀가 의자에서 내려와 내게 너무나 달콤한 눈길을 보냈기 때문에 나는 가슴이 쿵쿵 뛰었다. "기쁜가요?" 그녀가 내게 물었다.

"저요?" 나는 더듬거리며 말했다. 무슨 말을 해야 할지 몰랐다.

"당신 표를 나에게 파시오." 비엘로브조로프가 귓속말을 했다. "100루블을 내겠소."

내가 경기병에게 분노에 찬 표정을 지어 보이자 지나이다가 박수를 쳤다.

"아주 괜찮은 친구군!" 루신이 외쳤다. "그건 그렇고 나는 놀이의 사회자로서, 모든 규칙이 제대로 지켜지는지 감독할 책임이 있어요. 볼데마르 씨, 한쪽 무릎을 꿇고 앉으시오."

지나이다는 고개를 약간 옆으로 제친 채 내 앞에 섰다. 그녀는 위엄 있게 한 손을 내밀었다. 나는 눈앞이 흐려지는 느낌이었다. 한쪽 무릎을 꿇고 앉으려고 했지만 양쪽 무릎으로 털썩 주저앉고 말았다. 그리고 그녀의 손가락에 입술을 꾹 눌렀다. 너무나 서투르고 어설프게 한 나머지 그녀의 손톱 끝에 얼굴을 살짝 긁히고 말았다.

"잘 했소!" 루신이 이렇게 외치고 내가 일어나도록 도와 주었다.

벌칙 놀이는 계속되었다. 지나이다는 나를 자기 곁에 앉게 했다. 그녀는 별별 특이한 벌칙 놀이를 고안해냈다!

P. 52 웃음소리가 단 한 순간도 멈추지 않았다. 이렇게 떠들썩하고 들뜬 분위기는 귀족 집에서 고귀하게만 자라난 나를 푹 빠지게 만들었다. 마치 술을 무척이나 많이 마신 것처럼 머리가 빙빙 돌기 시작했다. 나는 누구보다도 더 크게 웃고 떠들어대기 시작했다. 너무나 행복해서 다른 사람들이 놀려대든 미심쩍게 쳐다보든 아랑곳하지 않았다. 지나이다는 계속 내게 호의를 보이며 자기 곁에서 떠나게 하지 않았다.

어떤 벌칙을 받게 되었을 때 우리 둘이 비단 손수건 하나를 함께 뒤집어쓰게 되었다. 그녀에게 내 비밀을 털어놓아야 하는 벌칙이었다. 우리 머리가 따뜻하면서도 흐릿하고 향기로운 어둠 속에 있던 것이 지금도 기억난다. 나는 어둠 속에서 밝게 빛나던 그녀의 눈과, 그녀의 벌어진 입술에서 스며 나오던 숨결을 아직도 생생히 기억하고 있다. 그녀의 머리칼 끝이 내 뺨을 간질였을 때 나는 마치 열기로 타오르는 듯한 느낌이었다. 나는 잠자코 있었다. 그녀는 야릇한 미소를 짓다가 마침내 이렇게 속삭였다. "자, 당신의 비밀은 뭔가요?" 나는 그저 얼굴을 붉히며 웃다가 그녀에게서 돌아서서 가쁜 숨을 몰아쉬었다.

얼마 후 우리는 벌칙 놀이에 싫증이 났고 줄로 하는 놀이를 시작했다. 아아! 멍청하게 있다가 그녀에게 따끔하게 손가락을 얻어맞았을 때 내가 느낀 기쁨을 상상해 보라. 그 날 저녁 우리는 얼마나 많은 놀이를 했던가! 피아노를 치고, 노래하고, 춤을 췄다.

P. 53 니르마츠키를 곰으로 분장시킨 후 소금물을 먹이기도 했다. 말레프스키 백작은 트럼프로 몇 가지 속임수를 부려 보였다. 마이다노프는 자작시 '살인자'의 구절들을 읊었다. 나이 많은 하인 보니파티에게 여자 모자를 씌웠는가 하면, 지나이다가 남자 모자를 쓰기도 했다.

비엘로브조로프는 뒤로 물러앉아 놀이에 참여하기를 거부했다. 그는 화가 난 듯 보였다. 이따금 눈에 핏발이 섰고 얼굴이 온통 시뻘개지기도 했다. 당장이라도 우리에게 달려들어 재미를 망쳐놓을 태세였다. 하지만 지나이다가 그에게 힐끗 시선을 던지면서 손가락을 흔들면 그는 다시 자신이 있던 구석 자리로 물러나는 것이었다.

마침내 우리는 완전히 지치고 말았다. 공작부인조차도 피로를 느꼈는지, 조용히 쉬고 싶다고 말했다. 자정에 밤참이 차려졌다. 오래되어 굳어진 치즈 한 조각과 저민 햄으로 만든 식어빠진 파이가 전부였지만 내게는 그동안 맛보았던 그 어느 파이보다 더 맛있는 것 같았다.

P. 54 결국 나는 녹초가 되어 행복감으로 몽롱해진 상태로 곁채를 나왔다. 헤어질 때 지나이다는 내 손을 다정하게 꼭 잡고는 다시 야릇한 미소를 지었다.

따뜻한 곁채에서 나오니 얼굴에 닿는 밤공기가 무겁고 축축하게 느껴졌다. 폭풍이 몰려오는 모양이었다. 먹구름이 피어나서 천천히 하늘을 뒤덮더니 한 줄기 돌풍이 검게 보이는 나무들 사이를 휙 지나갔다. 멀리 지평선 위 어디선가 천둥 소리가 들려왔다.

나는 집 뒤 층계를 통해 내 방까지 올라갔다. 내게 딸려 있는 나이든 하인이 바닥에 누워 자고 있었기 때문에 그를 타고 넘어가야 했다. 하인이 깨서 나를 보았고, 내가 아주 늦은 시간까지 나가서 돌아오지 않아 어머니가 굉장히 화를 냈다고 알려 주었다. 어머니가 자기를 보내 나를 데려오려 했으나 아버지가 그것을 말렸다고 했다.

나는 하인에게 혼자서 옷을 벗고 잠자리에 들겠다고 말한 다음 촛불을 껐다. 하지만 옷을 벗지도 잠자리에 들지도 않았다. 나는 의자에 앉아 오랫동안 그대로 있었다. 그 날 내가 느낀 감정은 너무나 새롭고 너무나 달콤한 것이었다. 나는 주위를 둘러보지도 않고 움직이지도 않고 가만히 앉아 있었다. 천천히 숨을 들이마셨고 가끔 기억을 떠올리며 조용히 웃기만 했다. 내가 사랑에 빠졌다는 생각에 때때로 몸 속이 오싹해졌다. 어둠 속에서 지나이다의 얼굴 모습이 눈앞에 천천히 떠올랐다. 그녀의 입술은 아직도 그 야릇한 미소를 띠고 있었고, 그녀의 눈에는 그녀가 나와 헤어지던 순간 보냈던 다정한 시선이 그대로 머물러 있었다.

P. 55 마침내 일어나서 까치발로 걸어 침대로 갔다. 옷도 벗지 않은 채 가만히 머리를 베개에 뉘였지만 눈도 감지 않았다. 얼마 지나지 않아 창문을 통해 희미하게 번득이는 광선이 느껴졌다. 폭풍이었다. 하지만 너무나 먼

곳에서 오고 있어서 천둥소리는 들리지 않았다. 단지 쉴 새 없이 하늘에서 번쩍이는 번개가 폭풍을 알리고 있을 뿐이었다. 나는 일어나 창가로 가서 그대로 아침까지 서 있었다. 번개는 단 한 순간도 쉬지 않고 번쩍였다.

날이 밝기 시작하자 지평선 근처 하늘에 진홍색 반점들이 나타났다. 해가 더 높이 솟자 번개가 차츰 빛을 잃어갔다. 번개 치는 횟수도 줄어들다가 날이 훤히 밝자 결국 아주 사라지고 말았다.

8장

P. 56 이튿날 아침 차를 마시러 내려 갔을 때 나는 어머니로부터 꾸지람을 들었다. 어머니는 내가 예상했던 만큼 화가 나 있지는 않았지만, 곁채에서 어젯밤 무엇을 했는지 꼬치꼬치 캐물었다. 나는 간략하게 대답하면서 모든 것이 아주 듣기 좋고 순진하게 들리게끔 애썼다.

"어쨌거나 그 사람들은 점잖고 잘 배운 인간들이 못 돼. 네가 거기 가서 시간을 보낼 일은 없다. 너는 시험에 대비해서 해야 할 공부가 있잖아." 어머니가 말했다.

내 시험공부에 대한 어머니의 걱정이란 겨우 이런 말 몇 마디로 끝난다는 것을 잘 알고 있었기 때문에 나는 어머니의 말에 대꾸할 필요도 없다고 생각했다. 하지만 차를 다 마시고 나자 아버지가 내 팔을 잡고 정원으로 데리고 나가더니 자세킨 공작부인 집에서 본 것을 모두 이야기하게 했다.

아버지는 내게 묘한 영향력을 가지고 있었고 아버지와 나의 관계는 여느 부자와 남다른 데가 있었다. 아버지는 내 교육에는 별 관심이 없었지만, 그렇다고 내 감정을 상하게 하는 법도 없었다.

P. 57 내 자유를 존중해 주고 내게 정중하기까지 했다. 나는 아버지를 사랑했고 존경했다. 아버지는 내게 이상적인 남자의 모습이었고, 만약 아버지가 나를 밀어내지 않았다면 아버지에게 열정적으로 헌신했을 것이다. 하지만 아버지는 결코 나를 곁에 가까이 오지 못하게 했다. 그렇다고 어쩌다가 아버지가 한 마디 말이나 몸짓으로 우리 둘 사이에 가깝고 친밀한 감정을 불러일으킨 적이 없었던 것은 아니었다. 그럴 때면 나는 똑똑한 친구나 관대한 스승에게 하듯이 아버지에게 시간가는 줄 모르고 지껄여댔다. 그러다가

돌연 아버지는 태도를 바꾸어 부드럽고 상냥하게 나를 몰아내는 것이었다.

이따금 아버지는 쾌활한 기분이 되어 마치 소년처럼 기꺼이 나의 놀이친구가 되어 주기도 했다. 언젠가 한 번은, 그런 일이 두 번 다시는 일어나지 않았는데, 아버지가 나를 너무 다정하게 쓰다듬어 주는 바람에 울음을 터뜨릴 뻔하기도 했다. 하지만 아버지의 다정함은 곧바로 사라졌고, 그 일은 마치 꿈속에서 일어난 것처럼 느껴졌다. 종종 아버지의 영리해 보이고 잘생긴 얼굴을 쳐다보고 있노라면 나는 아버지에 대한 사랑으로 가슴이 뛰었다. 그럴 때면 아버지는 내가 속으로 무슨 생각을 하는지 아는 것처럼 내 뺨을 슬쩍 두드려 주곤 했다. 그러고는 훌쩍 가버렸다.

P. 58 아니면 아버지만이 아는 방식으로 차갑게 돌변하는 것이었다. 그러면 나는 즉시 움츠러들었고 내 마음도 차갑게 얼어붙었다.

아버지가 내게 드물게 보이는 다정한 행동은 예기지 않게 불쑥불쑥 찾아왔다. 나는 아버지가 나나 가정생활에 대해 신경 쓸 마음이 전혀 없는 사람이라고 생각했다. 아버지가 사랑하는 것은 다른 것들이었고, 그를 온전히 즐겁게 만드는 것들도 다른 곳에 있었다.

아버지는 언젠가 내게 이렇게 말했다. "할 수 있는 건 네 스스로 취해라. 딴 사람 손에 자신을 맡기지 마라. 인생에서 가장 중요한 것은 자신은 자신에게 속해야 한다는 거지."

또 언젠가 나는 자유에 대해 의견을 피력하기 시작했다. 그 날 아버지 기분은 내게 잘해주는 상태였기 때문에 내 말을 주의 깊게 들은 후 이렇게 말했다.

"자유라. 너는 인간에게 자유를 주는 것이 무엇인지 아니?"

"무엇인데요?" 내가 물었다.

"자기 자신의 의지에서 힘이 나오는 거야. 그리고 그 힘은 자유보다 더 좋은 것이지. 너의 의지를 사용하는 방법을 알게 되면 너는 자유롭게 될 거고, 그렇게 되면 다른 사람을 네 뜻대로 할 수도 있지." 아버지가 말했다.

무엇보다 아버지는 자유로운 삶을 갈망했다. 어쩌면 아버지는 자신이 인생을 즐길 날이 얼마 남지 않았음을 예감했는지도 모른다. 아버지는 마흔두 살에 세상을 떠나고 말았다.

P. 59 나는 아버지에게 전날 저녁 자세킨 공작부인 집에서 있었던 일을 자

세히 이야기했다. 아버지는 정원 벤치에 앉아서 내 이야기를 들었다. 이따금 소리내어 웃었고, 짧게 질문을 던지기도 했다. 나는 처음에는 차마 지나이다의 이름을 입밖에 낼 용기가 나지 않았다. 하지만 오래 참지 못하고 그녀를 찬양하는 말을 늘어놓기 시작했다. 아버지는 계속 웃고만 있었다. 그러더니 생각에 잠긴 기색으로 일어섰다. 나는 우리가 집에서 나올 때 아버지가 말에 안장을 매라는 지시를 내렸던 것이 기억났다. 아버지는 승마에 뛰어났고, 아무리 사나운 말이라도 신기하게 길들여놓았다.

"저도 함께 승마하러 가도 돼요?" 내가 물었다.

"아니." 아버지가 대답했다. 아버지의 얼굴은 친절하면서도 무관심한 평상시 표정으로 돌아왔다. "가고 싶으면 혼자 가렴. 그리고 마부에게 나는 승마 나가지 않는다고 일러라."

아버지는 등을 돌리고 빠른 걸음으로 가버렸다. 나는 대문 밖으로 사라지는 아버지의 뒷모습을 바라보았다. 아버지의 모자가 담장 옆을 따라 움직이는 것이 보였다. 자세킨 공작부인 집으로 들어간 것이었다.

P. 60 아버지는 그곳에서 한 시간 이상 머물지 않았고 곧바로 시내로 출발했다가 저녁이 되어서야 집에 돌아왔다.

저녁을 먹은 후 나도 자세킨 공작부인 집으로 향했다. 응접실에는 공작부인만 있었다. 부인은 나를 보자 머리를 긁적이며 탄원서를 정서해 줄 수 있는지 물었다.

"기꺼이 해 드리겠습니다." 나는 이렇게 대답하고 의자 모서리에 걸터앉았다.

"글자를 큼직하게 써요." 공작부인이 내게 지저분한 종이 한 장을 건네주며 말했다. "그리고 오늘 중으로 해주겠어요, 젊은 양반?"

"물론이지요. 오늘 중으로 정서해 드리겠습니다." 내가 말했다.

옆방 문이 슬며시 열렸고 문틈으로 지나이다의 얼굴이 보였다. 그녀의 얼굴은 창백하니 생각에 잠겨 있었고 크고 차가운 눈으로 나를 바라보았다. 그러더니 조용히 방문을 닫았다.

"지나, 지나!" 노부인이 불렀다.

지나이다는 대답하지 않았다. 나는 노부인의 탄원서를 집으로 가져와 저녁 내내 정서했다.

9장

P. 61 나의 열정은 그 날 비롯되었다. 그 때부터 나는 한낱 어린 소년이 아니었다. 사랑에 빠진 것이었다. 나는 그 날부터 나의 열정이 시작되었다고 말했다. 하지만 나의 고통도 같은 날 시작되었다고 말할 수 있겠다. 지나이다 곁에서 떨어지기만 해도 그녀 옆으로 가기를 갈망했다. 나의 모든 일상이 엉망이 되었다. 온종일 그녀만을 골똘히 생각했지만 그녀와 함께 있을 때라고 해서 상황이 나아지지는 않았다. 나는 질투심에 사로잡혔다. 그녀에게 내가 중요한 존재가 아니라는 것이 느껴졌기 때문에 뚱하게 골을 내거나 비참하게 굽실거렸다. 하지만 어떤 저항할 수 없는 힘이 계속 나를 그녀에게로 끌고 갔다. 그리고 그녀의 방에 들어설 때마다 나는 몸이 떨리는 기쁨을 주체할 수 없었다.

지나이다는 내가 자기를 사랑하고 있다는 것을 곧 눈치챘다. 나는 내 감정을 감추려는 생각을 해본 적이 없었고, 또 그렇다 해도 감춰지지 않았을 것이다. 그녀는 내 열정을 재미있게 생각하며 나를 놀려댔다.

P. 62 나를 다독이기도 했고 괴롭히기도 했다. 물론 그녀에게 반한 사람이 나만은 아니었다. 그 집을 드나드는 남자들 모두 그녀에게 정신을 못 차렸고, 그녀는 그들 한 명 한 명을 마음대로 가지고 놀았다. 그녀는 그들에게서 희망을 다음엔 절망을 불러일으키며 즐거워했다. 나처럼 그들도 거역하지 못하고 기꺼이 그녀에게 복종했다. 그녀는 생기와 아름다움으로 넘쳤고, 교활함과 태연함이 뒤섞인 성격이었다. 그녀는 서로 대조되는 것들로 이루어진 존재였고, 얼굴 표정도 쉴새 없이 변했다. 그 얼굴은 거의 동시에 빈정거리는 듯하다가 꿈을 꾸는 듯했고, 또 그러다가 열정을 내보이기도 했다. 그녀의 입술과 눈에 갖가지 감정들이 계속 꼬리를 물고 나타났다.

그녀의 숭배자 모두 그녀에게 필요한 존재였다. 비엘로브조로프는 그녀를 위해서라면 기꺼이 불 속에라도 몸을 던질 사람이었다. 그는 끊임없이 청혼하며 다른 사람들은 그녀에게 진지한 의도가 없다고 은근히 주장했다. 마이다노프는 그녀의 시적인 감성을 채워주었다. 그는 그녀에게뿐만 아니라 스스로에게도 자신이 그녀를 숭배하고 있다는 사실에 대한 확신을 불어넣는 듯했다. 그는 그녀를 위한, 그리고 그녀에 대한 시를 끝없이 지어 바치며 그녀 앞에서 열정적으로 낭송했다. 그녀는 그의 시에 동감을 표했지만 동시에 어느 정도는 비웃었다. 시를 듣고 나면 그녀는 그에게 푸슈킨의 시를 낭송하라고 했는데, 그녀의 말을 빌자면 다시 공기를 맑게 하기 위해서였다.

P. 63 의사인 루신은 그녀를 누구보다도 잘 파악하고 있었다. 그는 그녀가 있든 없든 그녀를 욕했지만 어느 누구보다도 그녀를 사랑하고 있었다. 그녀는 루신을 존경하지 않을 수 없었지만 그 역시 자기의 손아귀에 있다는 느낌이 들도록 했다.

나는 무엇보다도 그녀와 말레프스키 백작의 관계가 이해되지 않았다. 그는 잘생기고 영리했지만 어딘지 믿지 못할 구석이 있었다. 고작 열여섯 살 소년이었던 내 눈에도 훤히 보이는 그 점을 지나이다가 눈치채지 못하고 있다는 사실이 놀라울 따름이었다. 어쩌면 그녀는 그의 거짓된 구석을 눈치채고 있으면서도 그 점이 별로 싫지 않았던 것인지도 모른다. 하지만 어쨌든 나는 말레프스키가 그녀 곁에 다가가면 종종 분노로 피가 끓어올랐다.

"당신은 왜 말레스프키 백작 같은 사람을 집에 들이는 거지요?" 어느 날 내가 그녀에게 물었다.

"그 사람 콧수염이 아주 근사하잖아요. 하지만 당신이 그런 것을 이해하진 못하겠죠." 그녀가 대꾸했다.

그녀는 또 언젠가 이렇게 말했다. "내가 그 사람을 좋아할 거라는 생각은 할 필요 없어요.

P. 64 전혀요. 나는 내가 위에서 내려다보아야 하는 남자를 사랑할 수는 없어요. 나는 나를 정복할 수 있는 누군가를 만나야 해요. 하지만 영원히 그런 사람과 만나지 않기를 바래요!"

"그럼 당신은 누구도 사랑하지 않겠네요?" 내가 물었다.

"내가 당신을 사랑하지 않던가요?" 그녀는 이렇게 말하며 장갑 끝으로 내 코를 살짝 쳤다.

그렇다, 지나이다는 기회가 있을 때마다 나를 우습게 만들어 이를 즐겼다. 그녀는 우리 집을 방문하는 일이 드물었지만 나는 섭섭하게 생각하지 않았다. 우리 집에 오면 그녀는 나무랄 데 없이 교육받은 요조숙녀처럼 행동했다. 어머니는 이미 그녀를 처음 보았을 때부터 싫어하고 있었기 때문에 조심스럽고 쌀쌀맞은 눈으로 우리를 쳐다봤다. 나는 어머니가 내가 지나이다에게 느끼는 감정을 눈치챌까 두려웠기 때문에 그녀가 우리 집에 올 때마다 데면데면하게 굴었다. 아버지는 그다지 걱정스럽지 않았다. 아버지는 내가 눈에 들어오지 않는 듯했다. 아버지는 그녀에게 별로 말을 걸진 않았지만 어쩌다 던지는 말마다 특별히 재치 있고 의미심장하게 들렸다.

나는 공부와 독서를 그만두었다. 근방을 산책하는 것과 승마도 중단했다. 다리를 묶인 딱정벌레처럼 나는 사랑하는 사람이 사는 작은 곁채 근처를 끊임없이 빙빙 돌기만 했다. 언제까지나 그곳에 머물러 있고 싶었지만 그것은 불가능했다. 어머니가 야단치기도 했고 어떤 때는 지나이다가 나를 쫓아냈기 때문이다.

P. 65 그럴 때면 나는 으레 내 방에 틀어박혔다. 그도 아니면 정원 끝에 있는 높은 석조 온실이 허물어진 곳에 기어올라 한길로 향한 벽에다 다리를 내려뜨린 채 몇 시간이고 앉아서 아무것도 보지 않고 그저 멍하니 허공만 응시했다. 그럴 때 내 마음은 슬픔과 기쁨으로 가득 차 올랐고, 그와 함께 삶에 대한 갈망과 두려움도 엄습했다.

지나이다는 고양이가 쥐를 가지고 놀 듯 끊임없이 나를 가지고 놀았다. 그녀가 내게 애교를 떨면 나는 황홀경에 빠졌다. 그러다 그녀는 나를 밀어내곤 했고, 그러면 나는 감히 가까이 가거나 심지어 그녀를 제대로 쳐다볼 수도 없었다. 그녀가 며칠 동안이나 내게 쌀쌀맞게 굴었던 적이 생각난다. 나는 있는 대로 좌절감에 빠져 겁쟁이처럼 곁채로 갔다. 그리고 그 기간 동안 유난히 공작부인의 심기가 좋지 않았음에도 불구하고 부인 옆에 붙어 있으려고 했다. 부인의 재정문제가 불거지는 바람에 이미 두 번이나 경찰관에게 취조를 받았던 것이다.

어느 날 담장을 따라 정원을 거닐고 있을 때 지나이다의 모습이 보였다.

P. 66 그녀는 꼼짝도 하지 않고 풀밭에 앉아 있었다. 내가 슬그머니 물러나려 할 때 그녀가 갑자기 고개를 들더니 내게 손짓했다. 나는 담장을 넘어 그녀에게 달려갔지만 그녀는 눈짓으로 나를 제지하더니 자기가 있는 곳에서 두 발짝 떨어진 오솔길로 가라는 몸짓을 했다. 나는 무릎을 꿇었다. 그녀의 얼굴은 창백한 데다 비통함과 피로가 너무나 역력히 드러나 있어 내 심장에 고통이 느껴질 정도였다.

"무슨 일이에요?" 내가 물었다.

지나이다는 손을 뻗어 풀잎을 하나 뜯어서 씹어보더니 멀리 획 던졌다.

"나를 많이 사랑하나요?" 이윽고 그녀가 물었다.

나는 아무 대답도 하지 않았다. 대답할 필요가 어디 있겠는가?

그녀가 입을 열었다. "그래. 역시 그렇군. 같은 눈빛이야…" 그녀는 말을 멈추고 생각에 빠져드는 듯하더니 얼굴을 양손에 파묻었다. "모든 것이 너무나 끔찍하고 증오스러워졌어." 그녀가 중얼거렸다. "참을 수가 없어… 이 일을 견뎌낼 수가 없어… 아, 난 너무나 비참해. 맙소사, 이렇게 비참할 수가!"

"왜 그래요?" 나는 겁을 내며 물었다.

지나이다는 대답하지 않았다. 그저 어깨만 으쓱할 따름이었다. 나는 여전히 무릎을 꿇은 채 견딜 수 없는 슬픔이 담긴 눈으로 그녀를 바라보았다.

P. 67 그녀의 입에서 나오는 말 한 마디 한 마디가 내 심장을 도려내는 듯했다. 바로 그 순간 나는 그녀의 슬픔이 멈춰질 수만 있다면 내 목숨이라도 기꺼이 바쳤을 거라는 생각을 했다.

"시를 좀 읽어줘요." 지나이다가 조용히 말했다. 그녀는 한쪽 팔꿈치로 몸을 받쳤다. "당신이 시 읽는 것을 듣고 싶어요. '그루지야 언덕에서'를 읽어줘요. 하지만 그보다 먼저 앉아요."

나는 자리에 앉아 '그루지야 언덕에서'를 읽었다.

"시란 참 좋은 거예요. 존재하지 않는 것을 말해 주니까요. 그리고 더 진실에 가까운 것이 무엇인지도 알려주고요. 이 구절 생각나요? '마음은 사랑할 수밖에 달리 방법이 없다.' 마음은 사랑하기를 원하지 않을지 몰라도 어쩔 수 없죠." 지나이다는 이렇게 말하고 다시 침묵에 빠졌다. 그러더니 갑자기 일어섰다.

"이리 와요. 마이다노프가 엄마와 함께 집에 있어요. 자기가 쓴 시를 가져왔지만 내가 버려두고 나왔죠. 그 사람도 역시 슬픔에 잠겨 있을 거예요. 내가 달리 어쩌겠어요! 언젠가 당신도 이 모든 걸 이해할 날이 오겠죠. 그렇다 해도 나에게 화내지 말아요!"

지나이다는 서둘러 내 손을 꼭 쥐고는 앞서서 달렸다.

P. 68 우리는 곁채로 돌아와 안으로 들어갔다. 마이다노프가 막 출판된 자

신의 시 '살인자'를 우리 앞에서 낭송하기 시작했지만 내게는 그의 소리가 들리지 않았다. 나는 지나이다를 지켜보면서 그녀의 마지막 말이 무슨 뜻인지 이해하려 애썼다.

마이다노프가 갑자기 코맹맹이 소리로 외쳤다.

"어쩌면 어떤 이름 모를 연적이
뜻밖에 그대의 마음을 사로잡은 것이나 아닐까?"

바로 그 순간 내 눈이 지나이다의 눈과 마주쳤다. 그녀는 시선을 떨구고 살짝 얼굴을 붉혔다. 나는 그녀의 얼굴이 붉어지는 것을 보고 공포감으로 온몸이 섬뜩 했다. 바로 그 때, 그녀가 누군가와 사랑에 빠졌구나 하는 생각이 문득 들었던 것이다. '하느님 맙소사! 그녀가 사랑에 빠진 거야!'

10장

P. 69 나의 진짜 고통은 그 순간부터 시작되었다. 나는 머리를 쥐어짜내며 이렇게 생각했다가도 금방 또 마음을 바꿔 먹었다. 그리고 몰래 지나이다를 지켜보았다. 그녀에게 어떤 변화가 온 것이 분명했다. 그녀는 혼자서 멀리까지 산책을 다니기 시작했다. 어떤 때는 손님이 와도 얼굴을 내밀지 않았다. 자기 방에서 홀로 몇 시간씩 시간을 보내곤 했다. 그 때까지는 전혀 보이지 않던 버릇이었다.

'이 사람일까, 아니면 저 사람일까?' 나는 그녀의 숭배자들을 하나하나 차례로 떠올리면서 자문했다. 내게는 다른 누구보다 말레프스키 백작이 연애 상대일 가능성이 높아 보였다. 의사 루신 선생은 곧 내 마음을 꿰뚫어보고 내가 지나이다를 감시하고 있다는 것을 알아챘다. 하지만 그도 역시 최근에 어딘지 달라 보였다. 그의 몸은 야위어졌고, 전처럼 자주 웃긴 했지만 그 웃음소리가 전보다 더 심술궂게 느껴졌다.

"젊은 친구, 자네는 왜 항상 여기를 들락거리나?"
P. 70 어느 날 루신이 내게 물었다.

그 때 우리는 자세킨 공작부인 집 응접실에 단둘이 있었다. 지나이다는 산책 나갔다가 돌아오지 않았고 , 공작부인이 찢어지는 목소리로 하녀를 야단치는 소리가 들렸다.

그가 말을 계속했다. "젊었을 때는 공부를 하거나 일을 해야 하는 것 아닌가? 무슨 볼일로 여기 오는 거지?"

"제가 집에서 공부를 하는지 안 하는지 당신이 어떻게 압니까?" 내가 머뭇거리며 대답했다.

"공부 한번 꽤나 많이 하겠군! 공부는 안중에도 없으면서 말이야! 자, 자네를 나무랄 생각은 없네. 자네 나이에는 당연한 일이지. 하지만 자네는 너무나 가당치도 않은 상대를 골랐어. 자네는 이 집이 어떤 곳인지 정말 모르겠나?" 루신이 말했다.

"무슨 말씀이신지 모르겠습니다." 내가 대답했다.

"모르겠다고? 이런, 그럼 자네한텐 더더욱 불행한 일이군그래. 자네에게 경고하는 것이 내 의무라고 생각하네. 나처럼 나이든 독신자들은 이런 곳에 와도 돼. 그런다고 큰일날 일이 없으니까. 우리는 질긴 사람들이니 어떤 일에도 상처 날 일이 없지. 하지만 자네 살갗은 아직 말랑말랑해. 여기 분위기는 자네에게 해로워. 내 말을 믿게. 자네에게 해가 될 거야."

"무슨 말입니까?" 내가 물었다.

"글쎄. 자네 상태가 지금 정상인가?

P. 71 자네가 지금 느끼는 기분이 자네에게 이로운 것일까?"

"도대체 내 기분이 어떻다는 겁니까?" 내가 대꾸했다. 하지만 마음속으로는 의사의 말이 옳다는 것을 알고 있었다.

의사가 말했다. "이봐, 젊은이, 젊은이. 그렇지 않은 척해봐야 무슨 소용인가? 맙소사, 자네 마음속에 있는 것이 뭐든 자네 얼굴에 그대로 드러난단 말일세. 하기야 나도 이러니저러니 말할 처지가 못 되지. 만약에… 만약에 나도 별난 인간이 아니었다면, 이곳에 오지 않았을 테지. 정말이지 놀라운 일이야. 어떻게 자네처럼 똑똑한 사람이 주변에서 무슨 일이 일어나고 있는지 모른단 말인가?"

"도대체 무슨 일이 일어나고 있다는 말입니까?" 내가 물었다. 나는 그가 본심을 말해 주었으면 했다.

의사는 동정하는 눈길로 나를 바라보았다.

223

그가 입을 열었다. "자, 다시 말하겠네. 이곳 분위기는 자네에게 맞지 않아. 자네야 여기 있는 것이 즐겁겠지만, 그게 대체 무슨 짓이란 말인가! 온실 속은 멋지고 달콤한 냄새가 나겠지만 그렇다고 그 속에서 살 수는 없는 일일세. 아무렴! 내 말대로 하게. 돌아가서 다시 책이나 읽게."

바로 그 때 공작부인이 들어와서 의사에게 치통을 호소하기 시작했다.

P. 72 곧바로 지나이다도 나타났다.

"이봐요, 저 애를 좀 혼내 줘요, 의사 선생. 저 애는 온종일 얼음물만 마시고 있어요. 안 그래도 가슴이 예민한 애가 그러면 쓰겠어요?" 공작부인이 말했다.

"왜 그런 짓을 하십니까?" 루신이 물었다.

"그런다고 무슨 일이 생기겠어요?" 지나이다가 반문했다.

"무슨 일이요? 오한이 들어서 죽을 수도 있습니다." 루신이 말했다.

"정말요? 그게 사실인가요? 아주 잘됐네요. 그리 되면 더더욱 좋겠어요." 그녀가 말했다.

공작부인은 방에서 나가 버렸다.

"장한 생각이십니다." 의사가 투덜거리듯 말했다.

"네. 장한 생각이죠." 지나이다가 그의 말을 따라 했다. "산다는 것이 그렇게 행복한 일인가요? 주위를 한 번 둘러보세요. 좋아 보이나요, 그래요? 아니면 내가 아무것도 모르는 사람이라고 생각하는 거예요? 얼음물을 마시면 쾌감이 느껴져요. 나 같은 사람의 인생이 한 순간의 쾌락 때문에 위험에 빠져서는 안 될 정도로 소중한 것이라고 진심으로 말할 수 있어요?"

"그럼요. 충동적이고 무책임한 것. 이 두 가지가 당신 성격의 모든 것을 설명해 주죠." 루신이 말했다.

지나이다는 신경질적으로 웃었다.

P. 73 "당신은 시대에 뒤떨어졌어요, 의사 선생님. 안경이나 쓰시지요. 저는 이제 충동적인 것과는 거리가 멀답니다. 당신들을 놀려먹거나 나 자신을 바보로 만드는 것은 이제 전혀 즐겁지 않아요! 그리고 무책임한 것으로 말씀 드리자면, 당신 말은 말도 안 돼요." 그녀는 발을 구르며 말했다. 그리고 갑자기 나를 향해 말했다. "볼데마르 씨. 그렇게 처량한 표정 짓지 말아요. 나는 사람들이 나를 동정하는 것을 참을 수 없으니까." 그녀는 재빨리 방에

서 나가버렸다.

"이곳 분위기는 자네에게 아주 해로워, 젊은 친구." 루신이 다시 한 번 말했다.

11장

P. 74 그 날 저녁에도 자세킨 공작부인 집에는 늘 오는 손님들이 모여들었다. 나도 그 중에 끼어 있었다.

마이다노프의 시가 화제에 올랐다. 지나이다는 진심으로 그의 시에 감탄해 마지 않았다.

그녀가 마이다노프에게 말했다. "하지만 이거 아세요? 만약 내가 시인이라면, 완전히 다른 주제를 골랐을 거예요. 말도 안 되는 이야기일지 모르지만 나는 가끔 이상한 생각이 떠올라요. 이른 아침, 그러니까 새벽녘에 깨어 있을 때 가장 자주 떠오르죠. 내 생각을 말해도 비웃지는 않겠죠?"

"그럼요, 절대로요!" 우리가 이구동성으로 외쳤다.

"내가 표현하고 싶은 것은요, 한밤 고요한 강에서 큰 배에 타고 있는 한 무리의 소녀들이에요. 달빛이 비치고, 소녀들은 모두 흰 옷을 입고 흰 꽃으로 만든 화관을 쓰고 있지요. 그들은 노래를 부르고 있어요. 그러니까, 무슨 찬송가 같은 것 말이에요."

"알겠어요. 계속 말씀하시지요." 마이다노프가 말했다.

지나이다가 계속했다. "그러다 갑자기 강둑에서 웃음소리와 탬버린 소리가 들리고 횃불이 보여요.

P. 75 그것은 노래를 부르고 소리지르며 춤을 추는 바쿠스신의 여사제 무리지요. 그 광경을 생생히 묘사하는 것은 당신이 할 몫이에요, 마이다노프. 횃불이 빨갛게 타오르고 연기가 많이 났으면 좋겠어요. 그리고 여사제들이 쓴 화관 밑에서 그들의 눈이 빛났으면 좋겠고요. 호랑이 가죽과 술잔도 없으면 안 돼요. 황금도 아주 많이 있어야 하고요…"

"황금은 무엇에 필요한 겁니까?" 마이다노프가 물었다.

"여사제들의 어깨와 팔, 다리를 장식하기 위해서지요. 옛날에는 여자들이 발목에도 금테를 둘렀어요. 바쿠스신의 여사제들이 배에 있는 소녀들에게

225

오라고 불러요. 소녀들은 부르던 찬송가를 멈췄지만 꼼짝하지 않아요. 강물결이 소녀들을 강둑으로 데려오죠. 그런데 갑자기 그 중 한 소녀가 슬며시 일어나요. 소녀가 뱃전을 넘어서자 바쿠스신의 여사제들이 그녀를 에워싸죠. 그리곤 소녀를 데리고 어둠 속으로 사라져요. 연기와 구름이 일고 모든 것이 아수라장이 되고 말죠. 여사제들의 날카로운 함성소리만 들려오고 소녀의 화관이 강둑에 남겨져 있을 뿐 모든 것이 사라졌어요."

P. 76 지나이다는 이렇게 말하고 침묵에 빠졌다.

'아아! 그녀가 사랑에 빠지고 말았어!' 나는 생각했다.

"그게 다인가요?" 마이다노프가 물었다.

"그게 다예요." 지나이다가 대답했다.

"그것만으로는 완전한 시의 주제가 될 수 없어요. 하지만 당신의 생각을 소재로 해서 서정시의 연(連) 하나 정도는 쓸 수 있겠네요." 마이다노프가 말했다.

"낭만파 형식으로 말입니까?" 말레프스키가 물었다.

"물론 낭만파 형식이지요. 바이런 풍의 시가 될 겁니다." 마이다노프가 대꾸했다.

"글쎄요, 내 생각에는 바이런보다는 위고가 낫지요. 그 쪽이 더 재미도 있고요." 백작이 말했다.

마이다노프가 다시 입을 열었다. "위고가 일류 작가인 것은 맞아요. 하지만 내가 볼 때는…"

그 때 지나이다가 끼어들었다. "이런! 당신들은 또 고전주의니 낭만주의니 하면서 논쟁을 벌일 참이군요. 놀이나 해요…"

"벌칙 놀이요?" 루신이 말했다.

"아뇨. 벌칙 놀이는 이제 지겨워요." 지나이다가 대꾸했다. 그녀는 일어나 창가로 갔다. 해가 막 지고 있었다. 붉게 물든 구름이 하늘 높이 넓게 깔려 있었다.

"저 구름이 무엇과 닮았죠?" 지나이다가 물었다. 그녀는 우리의 대답을 기다리지 않고 말을 이었다. "내 생각에는 클레오파트라가 안토니우스를 마중하러 타고 나간 황금 배의 자줏빛 돛과 닮은 것 같아요.

P. 77 기억나요, 마이다노프? 당신이 바로 얼마 전에 내게 그 이야기를 들

226

려줬잖아요."

우리는 모두 구름이 그 배의 돛 모양 같다고 맞장구쳤다. 아무도 그보다 더 멋진 비유는 생각해내지 못할 거라고 했다.

"그 때 안토니우스가 몇 살이었죠?" 지나이다가 물었다.

"분명 젊은 나이였을 겁니다." 말레프스키가 말했다.

"그래요, 젊은 남자였죠." 마이다노프도 말했다.

하지만 루신은 이렇게 소리쳤다. "실례지만 그는 그 때 마흔이 넘었어요."

"마흔이 넘었다 이거죠?" 지나이다가 루신을 흘깃 쳐다보면서 그의 말을 되풀이했다.

나는 곧 집으로 돌아와 생각했다. '맞아! 그녀는 사랑에 빠졌어! 그런데 상대가 누구일까?'

12장

P. 78 며칠이 흘렀다. 지나이다는 점점 더 이상하게, 점점 더 알 수 없게 변해갔다. 어느 날 내가 그녀를 보러 갔더니 의자에 앉아 있었다. 나를 올려다보는 그녀의 얼굴이 온통 눈물에 젖어 있었다.

"아, 당신이었군요!" 그녀가 잔인한 미소를 지으며 말했다. "이리 와요."

나는 그녀에게 다가갔다. 그녀는 손을 뻗어 갑자기 내 머리카락을 움켜쥐더니 잡아당기기 시작했다.

"아파요." 내가 참다못해 말했다.

"아! 그래요? 그럼 난, 그 어떤 것에도 아프지 않을 것 같아요?" 그녀는 이렇게 말하더니 손을 세게 확 잡아당겨서 순식간에 내 머리카락 한 줌을 뽑아냈다. "아아! 내가 무슨 짓을 한 거야? 불쌍한 볼데마르 씨!" 그녀가 소리쳤다.

그녀는 뽑힌 머리카락을 조심스럽게 가지런히 모은 다음 비비 꼬아서 반지 모양으로 만들었다. "당신 머리카락을 내 로켓에 넣어서 목에 걸고 다녀야겠어요." 눈에 눈물이 채 마르지 않은 상태로 그녀가 말했다. "그럼 아마 당신에게 조금이라도 위로가 되겠죠. 이제 가보세요.

P. 79 잘 가요."

집으로 돌아와보니 좋지 않은 상황이 벌어져 있었다. 어머니가 아버지와 한바탕 싸움을 벌이고 있었던 것이다. 어머니가 무슨 일로 아버지를 비난하고 있었는데, 아버지는 항상 그랬듯이 점잖고 냉정하게 침묵을 유지하고 있었다. 아버지는 어머니가 말을 멈춘 틈을 타서 방을 나가버렸다. 나는 어머니가 무슨 말을 했는지 잘 듣지 못했고, 어쨌거나 알고 싶은 마음도 없었다. 다만, 나중에 어머니가 나를 불렀다는 것만 기억난다. 어머니는 내가 공작 부인의 딸을 그렇게 자주 방문하는 것이 못마땅하다고 말했다. 그리고 지나이다는 무슨 짓도 서슴없이 할, 바람둥이라고 욕했다. 나는 대화를 중단시키고 싶을 때 항상 쓰는 수법대로 어머니의 손에 키스한 다음, 서둘러 내 방으로 도망쳤다.

지나이다의 눈물은 내 마음을 완전히 혼란에 빠뜨렸다. 어떤 생각을 해야 할지도 몰랐고 그저 울고만 싶었다. 나는 열여섯 살이나 되긴 했지만 여러 면에서 아직 어린아이에 불과했다. 나는 공상에 사로잡혀 항상 한적하게 혼자 떨어져 있을 곳만 찾아 다녔다. 특히 허물어진 온실이 좋았다.

P. 80 나는 높은 담에 기어올라가 거기 걸터앉아 있곤 했다. 나는 슬픔에 잠긴 고독하고 우울한 청년이었고, 끊임없이 스스로를 불쌍히 여겼다. 그리고, 오, 나는 그 자기연민을 얼마나 즐겼던가.

어느 날 나는 그 온실 담에 앉아 먼 데를 멍하니 바라보며 교회 종소리를 듣고 있었다. 그 때 문득 어떤 희미한 향기가 나를 스치고 지나가길래 아래를 내려다보았다. 발 아래 길을 따라 밝은 색 드레스를 입고 분홍색 양산을 어깨에 걸친 지나이다가 걸어가고 있었다. 그녀는 나를 보자 걸음을 멈추었다. 그러더니 쓰고 있던 밀짚모자의 챙을 뒤로 젖히고 나를 올려다보았다.

"그 위에서 뭐하고 있어요?" 그녀가 야릇한 미소를 지으며 물었다. "자, 당신은 항상 나를 사랑한다고 말하죠. 나를 진정으로 사랑한다면 지금 내가 있는 곳으로 뛰어내려와봐요."

지나이다가 그 말을 채 끝맺기도 전에 나는 마치 누군가가 나를 떠밀기라도 한 듯 풀쩍 뛰어내렸다. 온실 담은 4미터가 넘었다. 발부터 땅에 닿기는 했지만 충격이 너무 커서 나는 쓰러지고 말았다. 그리고는 잠시 정신을 잃었다. 다시 정신을 차렸을 때 눈을 뜨지는 않았지만 지나이다가 옆에 있다는 것을 느낄 수 있었다. 그녀가 내게로 몸을 굽히는 것이 느껴졌다.

P. 81 그녀가 상냥한 목소리로 말했다. "사랑하는 도련님, 왜 그런 짓을 했어요? 어쩌자고 시키는 대로 해요? 내가 당신을 사랑한다는 걸 알잖아요. 일어나 봐요."

그녀의 두 손이 내 머리를 어루만졌다. 그리고 갑자기 부드럽고 싱그러운 입술로 내 얼굴에 키스를 퍼붓기 시작했다. 그녀의 입술이 내 입술에 닿았다. 하지만 바로 그 순간 지나이다는 내 표정을 보고 의식을 찾았다는 것을 알아차렸다.

P. 82 그녀가 몸을 일으키며 말했다. "자, 일어나요. 고약하고 얼빠진 사람 같으니라고. 왜 땅바닥에 드러누워 있는 거예요?"

나는 일어섰다.

"내 양산이나 가져다 줘요. 내가 어딘가에 집어 던졌나 봐요. 그리고 나를 그런 눈으로 쳐다보지 말아요. 다치진 않았죠, 그렇죠? 쐐기풀에 찔려서 그런 걸 거예요. 날 쳐다보지 말라고 했잖아요. 집으로 돌아가요, 볼데마르 씨. 그리고 날 따라오지 말아요. 만약 따라오면 화낼 거예요. 그리고 당신과 다시는 말도 하지 않을 거예요." 그녀가 말했다.

그녀는 빠른 걸음으로 사라져 버렸다. 그동안 나는 길가에 앉아 있었다. 두 다리가 내 몸을 지탱하지 못할 것 같았다. 손을 쐐기풀에 찔린 데다 등이 쑤시고 머리가 어질어질했다. 그 때의 황홀한 느낌은 내 인생에서 두 번 다시 찾아오지 않았다. 행복감은 달콤한 아픔이 되어 내 팔다리로 퍼졌지만, 나는 곧 껑충껑충 뛰고 소리소리 지르며 즐거워했다. 그렇다, 나는 아직 어린아이에 불과했던 것이다.

13장

P. 83 그 날 내내 나는 자랑스럽고 들뜬 마음으로 지냈다. 지나이다가 내 얼굴에 했던 키스의 감촉이 너무나 생생하게 느껴졌다. 나는 기쁜 마음으로 그녀가 했던 말 한 마디 한 마디를 떠올려 보았다. 더는 운명에게 바랄 것이 아무것도 없고 이대로 죽어도 행복할 듯했다. 하지만 이튿날, 곁채에 갔을 때 나는 민망스러움을 느꼈다. 나는 그 느낌을 감추려고 일부러 자신감 있게 행동해서 내가 비밀을 지킬 줄 아는 사람이라는 것을 그녀에게 보여주려

고 애썼다. 지나이다는 어떤 동요도 보이지 않고 아주 담담하게 나를 맞았다. 그녀는 내게 손가락을 흔들어대며 담에서 떨어져 시퍼렇게 멍이 들지나 않았냐고 물었다. 나의 알량한 자신감은 그나마 모두 사라져 버렸고, 그와 동시에 민망함도 없어졌다. 물론 내가 지나이다로부터 무언가를 기대한 것은 아니었지만, 그녀의 눈에 비친 나는 그저 어린아이에 불과하다는 것을 깨달았다. 나는 이루 말할 수 없이 비참한 기분이었다! 그녀는 방안을 왔다 갔다하며 나와 눈이 마주칠 때마다 살짝살짝 미소를 지었다.

P. 84 하지만 그녀의 마음은 먼 곳에 가 있다는 것을 분명히 알 수 있었다.

나는 생각했다. '어제 있었던 일을 꺼내도 될까? 어딜 그렇게 서둘러 가고 있었는지 물어보는 건 어떨까? 그렇게 되면, 확실하게 알아낼 수 있을 테지.' 하지만 나는 아무 말도 하지 않고 구석에 가서 앉았다.

비엘로브조로프가 들어왔고, 그를 보자 반가운 마음이 들었다.

"아가씨에게 온순한 말을 구해 드리는 것이 어렵게 됐습니다. 프레이타크가 한 필 가지고 있긴 하지만 그 말에 도저히 신뢰가 가지 않아서 문제예요." 그가 말했다.

"왜 그렇게 걱정하죠?" 지나이다가 말했다.

"왜 걱정하냐고요?" 그가 반문했다. "세상에, 아가씨는 말을 탈 줄 모르시지 않습니까? 하느님 맙소사, 무슨 일이 생기면 어쩝니까! 근데 어쩌다 난데없이 말을 타겠다는 생각을 하게 된 거에요?"

"그건 당신이 알 바 아니에요. 그건 그렇고 당신이 나를 도울 수 없다면 표트르 바실리예비치 씨에게 부탁하겠어요."

표트르 바실리예비치는 우리 아버지의 이름이었다. 나는 그녀가 그렇게 가볍고 거리낌이 아버지의 이름을 언급하는 것을 듣고 깜짝 놀랐다. 마치 아버지가 그녀를 기꺼이 도와 줄 것을 확신하는 듯한 말투였다.

"오, 그런 거군요. 그와 함께 승마하러 나가려고 하는 건가요?" 비엘로브조로프가 말했다.

P. 85 "내가 그 분과 함께 승마를 하든 다른 사람과 하든 당신과는 아무 상관없는 일이에요. 당신과 함께 승마하지는 않을 게 분명하지만요." 그녀가 말했다.

"나와 함께는 아니라고요? 마음대로 하십시오. 어쨌든 말은 구해드리지

230

요." 비엘로브조로프가 말했다.

"좋아요. 하지만 명심하세요. 늙어빠진 조랑말 같은 것은 안 돼요. 미리 말씀드리지만 나는 전속력으로 달리고 싶어요." 그녀가 말했다.

"기어이 전속력으로 달리시겠죠. 그럼 함께 승마 나가려는 사람이 말레프스키입니까?" 그가 물었다.

"뭐 그러면 안 될 이유라도 있나요? 자, 입 다무시고, 그렇게 노려보지도 마세요. 당신도 데리고 가면 되잖아요. 내가 말레프스키를 좋아하지 않는다는 걸 아시잖아요. 어휴!" 그녀는 이렇게 말하며 머리를 흔들었다.

"나를 위로하려고 그렇게 말하는군요." 비엘로브조로프가 말했다.

지나이다는 눈을 반쯤 감았다가 이윽고 말했다. "그런 말로 위로가 돼요? 그리고, 당신, 볼데마르 씨, 당신도 우리와 함께 갈래요?"

"저는 승마할 때는 여러 명이 함께 가는 것을 좋아하지 않아서요." 나는 눈을 내리뜬 채 중얼거렸다.

"그렇다면, 자유를 원하는 자에게는 자유를, 성자들에게는 천국을."

P. 86 그녀가 한숨을 내쉬며 말했다. "가보세요, 비엘로브조로프 씨. 나는 내일 말이 꼭 필요해요."

"참, 그럼 그 돈을 어디서 구할 참이냐?" 공작부인이 끼어들었다.

지나이다가 얼굴을 찌푸렸다. "어머니에게 달라고 하지는 않을게요. 비엘로브조로프 씨가 외상으로 해줄 거예요."

"저 사람이 외상으로 해줄 거라고? 그럴까?" 공작부인은 투덜거리듯 말하다가 갑자기 목청껏 날카롭게 소리쳤다. "두냐쉬카!"

"엄마, 그럴 때 쓰시라고 종을 드렸잖아요." 지나이다가 말했다.

"두냐쉬카!" 노부인이 다시 소리쳤다.

비엘로브조로프는 작별인사를 했다. 나도 그와 함께 나왔다. 지나이다는 나를 붙잡으려 하지도 않았다.

14장

P. 87 이튿날 나는 아침 일찍 일어나서 지팡이를 하나 만들어 가지고 관문 밖까지 멀리 나갔다. 걷다 보면 슬픈 마음이 사라지겠지라고 생각했다. 날

씨는 매우 좋았다. 화창하고 상쾌한 바람이 불면서 그다지 덥지도 않았다. 나는 언덕을 오르고 숲을 누비며 한동안 이리저리 헤맸다. 나는 마음껏 우수에 빠져볼 심산으로 집을 나섰던 것이었다. 하지만 어린 나이와 아름다운 날씨, 그리고 야외활동에 따른 즐거움으로 금세 기분이 들떴다. 도저히 잊혀지지 않는 그녀의 말과 키스의 기억이 다시금 내 마음속에 파고들었다. 지나이다가 내 용기와 영웅적 행동을 알아주었다는 생각을 하니 기분이 좋아졌다. 나는 생각했다. '그녀에게는 다른 남자들이 더 좋아 보일지도 모르지. 그럼 그러라고 해! 하지만 다른 남자들은 그저 입으로만 하겠다고 하지만, 나는 행동으로 보여줬어. 그리고 그녀를 위해서라면 내가 그보다 더한 일이라고 못하겠어?' 내 상상력이 나래를 펴기 시작했다. 내 손으로 그녀를 적들의 손아귀에서 구해내는 모습을 그려보았다.

P. 88 피투성이가 된 채 거의 죽어가는 몸으로 힘을 다해 그녀를 감옥에서 구해낸 다음 그녀의 발 밑에서 숨을 거두는 내 모습을 상상했다.

나는 '눈은 희게 내리지 않아'를 부르기 시작했다가 이어서 당시 유행하던 노래를 불렀다. 그러다 호먀코프의 비극에 나오는 '예르마크의 별들에게 보내는 하소연'을 큰소리로 낭송하기 시작했다. 나는 감상적인 시를 한 수 지어보려고 했지만, 각 행마다 '오, 지나이다, 지나이다!'라고 끝나는 싯구만을 생각해냈을 뿐이었다.

그러는 동안 시간이 흘러 점심 때가 가까워졌다. 나는 골짜기로 내려갔다. 좁은 모랫길이 골짜기를 따라 구불구불 시내까지 이어져 있었다. 그 길을 따라 걷고 있을 때 뒤에서 말발굽이 땅을 차는 소리가 들렸다. 뒤를 돌아본 나는 그 자리에 멈춰 서서 모자를 벗었다. 아버지와 지나이다였다. 두 사람이 나란히 말을 타고 오고 있었다. 아버지가 그녀에게 뭔가 이야기하고 있었다. 아버지는 한 손으로 말 목덜미를 짚은 채 그녀 쪽으로 몸을 기울이고 미소짓고 있었다. 지나이다는 눈을 내리뜨고 입술을 꼭 다문 채 조용히 아버지의 말에 귀 기울이고 있었다.

처음에는 그 두 사람만 보였지만 잠시 후 비엘로브조로프가 모퉁이를 돌아 나타났다.

P. 89 그는 경기병 제복을 입고 검은 말을 타고 있었다. 그 근사한 말은 머리를 쳐들고 씩씩거리며 이리저리 날뛰었다. 비엘로브조로프는 고삐를 당

기기도 하고 박차를 가하기도 했다. 나는 옆으로 비켜섰다. 아버지는 말고 삐를 모아 쥐고 지나이다에게서 몸을 일으켰다. 그녀는 천천히 눈을 들어 아버지를 보았고 두 사람은 말을 달려 가버렸다. 비엘로브조로프도 말을 전 속력으로 몰아 절그럭거리는 군도 소리와 함께 두 사람의 뒤를 좇아 사라졌 다. 나는 생각했다. '저 사람은 얼굴이 홍당무처럼 빨개졌군. 그녀는 몹시 창백한데 말이야. 그녀는 왜 저렇게 창백한 거지? 아침 내내 말을 탔을 텐 데, 왜 얼굴에 핏기가 없을까?

나는 급히 집으로 향했고 점심 시간에 맞추어 도착했다. 아버지는 벌써 어머니 옆 자리에 앉아 있었다. 식사에 맞추어 옷을 갈아입고 깨끗하게 씻 은 모습이었다. 아버지는 부드러운 목소리로 '주르날 데 데바' 지(紙)에 난 기사를 읽고 있었다. 어머니는 별로 귀담아 듣고 있지 않다가 나를 보자 온 종일 어디 있었느냐고 물었다. 그리고 내가 누군지도 모르는 사람들과 어딘 지도 모르는 곳을 돌아다니는 것이 마음에 들지 않는다고 덧붙였다.

P. 90 내가 "하지만 혼자 산책하고 있었는데요."라고 막 대답하려는 순간 이었다. 하지만 아버지의 모습을 보고는 왠지 그저 잠자코 있었다.

15장

P. 91 그 후 대엿새 동안 나는 지나이다를 거의 만나지 못했다. 그녀는 아 프다고 말했지만 그것이 평소 곁채를 드나드는 남자들이 찾아오는 것을 막 지는 못했다. 비엘로브조로프는 얼굴이 시뻘개진 채 뚱한 표정으로 구석에 앉아 있었다. 말레프스키의 얼굴에는 사악한 미소가 떠나지 않았다. 그는 지나이다의 환심을 완전히 잃고 늙은 공작부인과 시간을 보냈다. 그는 마차 를 빌려 타고 부인과 함께 총독을 만나러 가기도 했다. 루신은 하루에 두 번 씩 들렀지만 오래 머물지는 않았다. 지난 번 그와 그런 대화를 나눈 이후로 나는 그가 두려웠지만 동시에 그에게 진심으로 끌리고 있음을 느꼈다. 어느 날 그와 함께 네스쿠치니 공원에 산책을 나갔다. 그는 마음씨가 착한 사람 이었고, 내게 여러 가지 식물과 꽃의 이름을 알려 주었다. 그러다 뜬금없이 냅다 소리를 질렀다. "이런 바보 같으니라고. 난 그 여자가 바람둥이 거라고 생각하고 있었어! 어떤 사람들에게는 자기희생이 즐거운 일인 것이 분명하

군!"

P. 92 "그게 무슨 말씀이십니까?" 내가 물었다.

"자네에게 하는 말이 아닐세." 루신이 대답했다.

지나이다는 나를 피했다. 그녀는 내가 가까이 오는 것을 원치 않는다는 것을 나로서도 눈치채지 않을 수가 없었다. 그녀는 내게서 등을 돌렸고, 그 것은 나를 비참하게 만들었다! 하지만 나로서는 어쩔 도리가 없었고, 길에서 그녀와 마주치지 않으려고 애썼다. 나는 그저 멀리서 그녀를 바라보기만 했다. 전처럼, 그녀에게 뭔가 내가 모르는 일이 일어나고 있었다. 그녀의 얼굴이 달라졌다. 그녀는 딴 사람이 되었다. 특히 어느 고요하고 따뜻한 저녁 그녀에게 일어난 변화가 내게 충격을 주었다. 나는 넓게 퍼진 덤불 밑의 나지막한 정원 벤치에 앉아 있었다. 그곳에서는 지나이다의 방 창문이 보였기 때문에 내가 즐겨 찾는 장소였다. 나는 거기 앉아서 그녀 방 창문을 바라보면서 혹시 창문이 열리는지 기다리고 있었다. 창문이 열렸고 지나이다의 모습이 나타났다. 그녀는 흰 드레스를 입고 있었는데, 얼굴과 어깨, 손 할 것 없이 모두 몹시 창백했다. 그녀는 한참 동안 창가에 꼼짝하지 않고 서서 생각에 잠긴 듯 찡그린 얼굴로 허공을 응시하고 있었다. 그녀의 얼굴에서 한 번도 본 적이 없던 표정이었다. 그러다 그녀는 고개를 끄덕이더니 창문을 쾅 닫아버렸다.

P. 93 그로부터 사흘 후 정원에서 그녀와 부딪혔다. 돌아서려 했지만 그녀가 불러 세웠다.

"당신 팔을 잡고 걷게 해 줘요." 그녀가 예전처럼 애정 어린 말투로 말했다. "우리가 서로 이야기를 나누지 않은 지 오래 되었네요."

"아직도 몸이 아픈가요?" 내가 물었다.

"아뇨. 지금은 모두 나았어요." 그녀는 이렇게 대답하며 작은 붉은색 장미를 한 송이 땄다. "조금 피곤하지만 이것도 괜찮아질 거예요."

"그럼 다시 예전의 당신으로 되돌아올 건가요?" 내가 물었다.

지나이다는 장미를 얼굴에 가져다 댔고, 내가 보기에 그녀의 얼굴이 붉어진 듯했다.

"이런, 내가 변했다는 말인가요?" 그녀가 물었다.

"그래요. 당신은 변했어요." 내가 대답했다.

"내가 당신에게 쌀쌀맞게 군 것은 알고 있어요. 하지만 그런 것에 신경 쓰면 안 돼요. 나는 달리 어쩔 수가 없었어요. 이봐요, 그런 이야기를 해서 뭐하겠어요!"

"내가 당신을 사랑하는 것이 싫은 거죠, 그런 거죠!" 내가 외쳤다.

"아니에요. 나를 사랑해도 돼요. 하지만 전처럼 그렇게는 말고요." 그녀가 말했다.

P. 94 "그럼 어떻게요?"

"친구로 지내요." 그녀는 이렇게 말하며 장미를 주면서 향기를 맡아보라고 했다. "잘 들어요. 알다시피 난 당신보다 나이가 훨씬 많잖아요. 당신 고모나 큰누나뻘이죠. 그리고 당신은…"

"당신은 나를 어린애로 생각하죠." 나는 그녀의 말을 가로막았다.

"그래요, 맞아요. 어린애죠. 하지만 귀엽고 착하고 영리해서 당신이 정말 좋아요. 이렇게 할까요? 오늘부터 당신은 내 시동이 되기로 해요. 그리고 시동은 자신이 섬기는 아가씨 곁을 떠나면 안 된다는 사실을 잊지 말아요. 여기 이것이 당신에게 새로 내린 지위에 대한 표시예요." 그녀가 말했다. 그리고 장미를 내 재킷 단추 구멍에 꽂아 주며 덧붙였다. "이것이 내가 당신을 총애한다는 증표예요."

"전에도 당신의 총애를 받았었죠." 내가 중얼거렸다.

"어머나!" 지나이다는 이렇게 내뱉으며 나를 곁눈질로 쳐다보았다. "기억력이 정말 좋기도 하지!"

그녀는 몸을 굽혀 순수하게 그리고 차분히 내 이마에 키스했다.

그녀가 등을 돌릴 때 나는 그저 그녀를 쳐다보기만 했다.

"나를 따라와요, 시동님." 그녀는 이렇게 말하고 곁채로 들어갔다. 어리둥절한 마음으로 나는 그녀를 따라갔다.

나는 생각했다. '이 점잖고 분별 있는 아가씨가 정말 내가 전에 알던 지나이다란 말인가?

P. 95 그녀의 걸음걸이도 전보다 더 차분해졌고, 그녀의 모습 전체도 더 위엄 있고 우아해진 듯했다. 그리고 이럴 수가! 그녀를 향한 사랑이 내 안에서 새롭게 타올랐다.

16장

P. 96 점심 때가 지나자 항상 오던 손님들이 곁채로 모여들었고 지나이다가 이들을 맞으러 나왔다. 내가 이들을 처음 본 그 날 저녁처럼 한 사람도 빠짐없이 모두 모였다. 심지어 니르마츠키까지 그녀를 보러 와 있었다. 마이다노프도 왔는데 새로 지은 시를 가지고 나타났다. 벌칙 놀이가 다시 시작되었지만 짓궂은 장난도 소란도 없었다. 나는 시동이라는 위치에 맞게 그녀의 옆자리에 앉았다. 여러 가지 놀이 중에서 그녀는 벌칙을 받아야 하는 사람은 자신의 꿈 이야기를 해야 하는 걸로 하자고 제안했다. 그 놀이는 실패작이었다. 꿈 이야기들이 재미없거나 부자연스럽거나 그도 아니면 일부러 지어낸 것들이었기 때문이었다. 마이다노프는 우리에게 평범한 연애 소설 한 편을 들려주다시피 했다. 수금을 든 천사와 말하는 꽃과 음악이 나오는 이야기였다. 지나이다는 그의 이야기를 끝까지 들으려 하지도 않았다.

"우리가 창작물을 들어야 한다면, 각자 어떤 이야기를 들려 주는 것으로 해요. 하지만 반드시 지어낸 것이라야 해요. 진실이 아니고요. 비엘로브조로프 씨부터 시작해요." 그녀가 말했다.

젊은 경기병이 황당해했다.

"나는 어떤 이야기도 만들어낼 수 없어요!" 그가 외쳤다.

지나이다가 말했다. "말도 안 돼요! 그럼, 예를 들어 당신이 결혼했다고 상상해봐요.
P. 97 우리에게 당신 아내를 어떻게 대할지 이야기해봐요. 아내를 가둬놓을 건가요?"

"그래요. 가둬놓을 겁니다." 그가 말했다.

"그럼 당신도 그 옆에 있을 건가요?" 지나이다가 물었다.

"그래요. 나도 반드시 그 옆에 있을 거요." 그가 대답했다.

"좋아요. 하지만 만약 아내가 갇혀 있는 것을 지겨워한다면, 그리고 당신을 속인다면요?" 지나이다가 말했다.

"그랬다간 죽여버릴 겁니다." 그가 대꾸했다.

"그럼 아내가 도망쳐 버린다면?" 지나이다가 물었다.

"쫓아가 잡은 다음 죽여 버려야지요." 그가 말했다.

"오, 그럼 만약 내가 당신 아내라면, 그 땐 어떻게 하겠어요?" 지나이다가 말했다.

비엘로브조로프는 잠시 침묵하다가 말했다. "자살하고 말 겁니다."

지나이다는 소리내어 웃었다. "당신 이야기는 긴 이야기가 못 되는군요."

지나이다가 그 다음으로 벌칙을 받게 되었다. 그녀는 천장을 쳐다보며 잠시 생각에 잠겼다.

P. 98 이윽고 그녀가 입을 열었다. "자, 들어봐요. 각자 웅장한 궁전을 떠올려 보세요. 여름 밤에 열리는 호화로운 무도회를요. 젊은 여왕이 무도회를 열었어요. 사방에는 온통 황금과 대리석, 수정, 비단, 등불, 다이아몬드, 꽃 등 온갖 사치스러운 물건들로 가득하죠."

"사치를 좋아하나요?" 루신이 물었다.

"사치는 아름다운 거예요. 그리고 나는 아름다운 것은 무엇이든 좋아해요." 지나이다가 말했다.

"고귀한 것보다도요?" 다시 루신이 물었다.

"너무 교활하시네요. 그런 건 잘 모르겠어요. 내 이야기를 방해하지 마세요. 무도회는 으리으리해요. 손님들이 많이 모여들었는데 그들은 모두 젊고 잘생기고 용감한 남자들이죠. 모두들 여왕을 열렬히 사랑해요."

"손님 가운데 여자는 전혀 없습니까?" 말레프스키가 물었다.

"없어요. 아니, 잠깐만요. 있어요. 몇 명 있어요." 그녀가 말했다.

"모두 못생긴 여자들인가요?" 말레프스키가 다시 물었다.

"아뇨, 매력적인 여자들이에요. 하지만 남자들은 모두 여왕에게 반해 있어요. 여왕은 키가 크고 우아한 데다 검은 머리 위에 자그마한 금관을 쓰고 있어요."

나는 지나이다를 쳐다보았다. 그리고 그 순간 그녀는 우리 모두보다 높은 사람으로 보였다.

P. 99 그녀에게서 지성과 권력이 느껴졌다. 나는 생각했다. '당신이 바로 그 여왕이에요!'

지나이다가 이야기를 계속했다. "모두들 여왕 주위를 에워싸고 그녀에게 저마다 최고의 찬사를 늘어놓아요."

"그리고 여왕은 찬사를 좋아하고요?" 루신이 물었다.

"왜 자꾸 방해하시는 거죠? 찬사를 좋아하지 않는 사람이 어디 있어요?"

"한 가지 더 묻겠습니다." 말레프스키가 끼어들었다. "여왕에게 남편이 있나요?"

그녀가 말했다. "그것은 생각해 보지 않았어요. 아뇨. 여왕에게 남편이 있을 필요가 어디 있겠어요?"

"물론이죠. 왕에게 남편이 있어서 무엇 하겠습니까?" 말레프스키가 맞장구쳤다.

"조용히!" 마이다노프가 매우 서툰 프랑스어로 외쳤다.

"고마워요." 지나이다도 그에게 프랑스어로 대답한 다음 말을 계속했다. "그래서 여왕은 남자들이 하는 말과 음악을 듣기는 하지만 손님들에게 눈길을 주지는 않아요. 여섯 개의 창문이 마루에서 천장까지 죽 열려 있는데 창문 밖에는 어두운 하늘에 큰 별들이 박혀 있어요.

P. 100 여왕은 정원을 물끄러미 내다보고 있어요. 창 밖에는 나무에 둘러싸인 분수가 있어요. 분수 물은 어둠 속에서 희게 빛나며 하늘 높이 치솟고 있지요. 여왕은 사람들 말과 음악 사이로, 분수 물이 부드럽게 부딪혀 흩어지는 소리를 듣고 있어요. 그녀는 분수를 바라보며 생각에 잠기죠. 여러분은 모두 고귀하고 똑똑한 부자 귀족들이시죠. 당신들은 내 주위에 몰려들고 내가 하는 말이라면 무엇이든지 받들어요. 당신들 모두 내 발 밑에서 죽을 준비가 되어 있죠. 당신들은 나의 지배를 받고 있지요. 하지만 저기 바깥 분수대 옆에 내가 사랑하는 남자가 기다리고 서 있어요. 나는 그의 지배를 받고 있어요. 그는 값비싼 옷도 귀한 보석도 없어요. 아무도 그 사람을 모르지요. 하지만 그가 날 기다려요. 그리고 내가 올 것을 확신하고 있어요. 물론 나는 갈 거고요. 내가 그를 만나러 나가려고 할 때 나를 막을 수 있는 힘은 어디에도 없어요. 그 어느 것도 내가 저 정원 어둠 속으로 나가 그와 함께 머무는 것을 막을 수 없어요…" 지나이다는 여기까지 말하고 입을 다물었다.

"그거 지어낸 이야기 맞나요?" 말레프스키가 빈정거리며 물었다.

지나이다는 그를 쳐다보지도 않았다.

"그럼 우리는 어떻게 했을까요, 여러분? 만약 우리가 그 손님들 가운데 일부였다면 말입니다. 만약 우리가 분수대 옆의 그 행운의 사나이에 대해 알게 되었다면 어떻게 했을까요?" 루신이 말했다.

"잠깐 기다려요." 지나이다가 말했다. "내가 여러분 각자 어떻게 했을지 말해 줄게요.

P. 101 비엘로브조로프, 당신은 그에게 결투를 신청했을 거예요. 마이다노프, 당신은 바르비에 스타일로 그 사람에 관한 장시를 지었을 테고요. 니르마츠키 당신은 그에게 고리로 돈을 빌려 줬겠죠. 그리고 당신, 의사 선생님…" 그녀가 말을 멈췄다가 다시 입을 열었다. "당신이 어떻게 했을지는 정말 모르겠군요."

루신이 말했다. "나로서는 궁정 의사의 본분을 다해서, 여왕에게 손님을 상대할 기분이 아닐 때는 무도회를 열지 말라고 충고했겠죠."

"어쩌면 당신 말이 옳을지도 모르겠군요. 그리고 백작님? 당신은 어떻게 했겠어요?" 그녀가 말했다.

"나요?" 말레프스키가 되물었다.

"당신이라면 그에게 독이 든 사탕과자를 권하겠지요." 지나이다가 말했다.

말레프스키는 얼굴이 약간 일그러졌지만, 곧 웃음을 터뜨렸다.

지나이다가 말을 이었다. "그리고 당신으로 말하자면요, 볼데마르. 하지만 이제 됐어요. 우리 다른 놀이를 해요."

"볼데마르 씨는 여왕의 시동답게 여왕이 정원으로 달려 나갈 때 뒤에 길게 끌리는 옷자락을 잡아 드렸겠지요." 말레프스키가 사악한 미소를 지으며 말했다.

P. 102 나는 분노로 얼굴이 빨개졌지만 지나이다가 내 어깨에 손을 얹었다. 그녀는 일어나서 다소 떨리는 목소리로 이렇게 말했다. "저는 백작님께 무례하게 굴 권리를 드린 적이 없어요. 그러니 여기서 나가 주십사 요청드려야겠네요." 그녀는 손가락으로 문을 가리켰다.

"아가씨… 나는…" 말레프스키가 더듬거리며 말했고 얼굴이 몹시 창백해졌다.

"아가씨 말씀이 옳아요." 비엘로브조로프가 이렇게 외치며 자리에서 일어섰다.

말레프스키가 말했다. "맙소사, 내 말에는 아무 뜻도 없었어요. 당신을 모욕할 마음은 전혀 없었습니다. 용서하십시오."

지나이다는 그를 아래위로 훑어보다가 차갑게 미소지었다.

"그렇다면 당연히 남아 있어도 좋아요." 그녀는 아무렇게나 손짓하며 이렇게 말했다. "볼데마르 씨와 내가 필요 없이 화를 냈군요. 하긴 워낙 당신은 톡톡 쏘아대는 것을 즐기시니까요."

"용서하십시오." 말레프스키가 다시 한 번 사과했다.

나는 지나이다의 손짓을 떠올리며 그 어떤 진짜 여왕도 그녀보다 위엄 있게 행동하지는 못했을 거라고 확신했다.

그런 사소한 언쟁이 있은 후 벌칙 놀이는 오래 계속되지 못했다.

P. 103 모두들 불편한 마음이 들었는데 말레프스키가 한 말 때문은 아니었다. 모인 사람들 사이에는 처음부터 뭔가 답답한 감정이 팽배해 있었다. 아무도 그것에 대해 입을 열지는 않았지만 모두들 그것을 인식하고 있었다. 마이다노프가 자작시를 낭송했고, 말레프스키는 과도하게 열을 내며 시를 칭찬했다. "저 친구가 이젠 아주 착하게 보이려고 애쓰는군." 루신이 내게 귓속말을 했다. 지나이다는 갑자기 어떤 생각에 잠긴 듯했다. 공작부인이 두통이 났다는 전갈을 보냈고 니르마츠키는 신경통을 하소연하기 시작했다. 우리는 곧 흩어져 각자의 집으로 향했다.

나는 한참이나 잠을 이룰 수 없었다. 지나이다가 들려 준 이야기에 깊은 충격을 받았던 것이다. '그녀가 뭔가를 암시하고 있었던 걸까?' 나는 자문했다. '만약 그렇다면 누구를, 아니면 무엇을 암시했던 걸까? 그리고 만약 정말로 무엇인가를 암시하고 있었다면, 그것을 어떻게 알아낼 수 있을까?' 나는 화끈거리는 뺨을 이쪽저쪽 번갈아 돌려가며 뒤척였다. 하지만 이야기할 때의 지나이다의 표정이 계속 생각났다. 네스쿠치니 공원에서 루신과 산책할 때 그가 외쳤던 말도 떠올랐다.

P. 104 그리고 나를 대하는 그녀의 행동이 돌변하지 않았는가. 알 수 없는 일이었다. '그 사람이 누구일까?' 이 말이 어둠 속에서 내 바로 앞을 가로막고 있는 것 같았다. 마치 내 머리 위에 먹구름이 드리워져 있어, 언제라도 폭풍이 몰려오기를 기다리고 있는 느낌이었다.

나는 근래에 여러 가지 것들에 익숙해졌다. 그동안 자세킨 공작부인 집에서 본 것에서 많은 것을 알게 되었지만, 그들의 무질서한 생활방식, 부러진 나이프와 포크, 불평 많은 늙은 하인 보니파티, 그리고 늙은 공작부인의 언동도 더는 신경 쓰이지 않았다. 하지만 내가 지나이다에 대해 지금 어렴풋이 눈치채기 시작한 것에는 전혀 익숙해질 수 있을 것 같지 않았다. "바람둥이!" 어머니는 그녀를 그렇게 불렀다. 바람둥이! 지나이다, 나의 우상, 나의 여신이 바람둥이란 말인가? 그 말이 내게 상처가 되었다. 내가 그 분수대의 행운의 사나이만 될 수 있다면 무슨 짓이든 했을 것이다!

몸 속에서 피가 뜨겁게 끓어올랐다. 나는 생각했다. '정원… 분수대… 정원에 나가봐야겠다.' 나는 재빨리 옷을 입고 몰래 집을 빠져 나왔다. 칠흑같은 밤이었고 바람도 거의 불지 않았다. 나는 정원의 오솔길을 구석구석 누비고 다녔고, 나지막이 들리는 내 자신의 발자국 소리에 당황스럽기도 했고 동시에 용기를 얻기도 했다.

P. 105 가만히 멈춰 섰더니 내 심장이 빠르게 뛰는 소리가 들렸다. 이윽고 나는 담장으로 다가가서 가느다란 말뚝에 기대섰다. 내게서 몇 걸음 떨어진 곳에서 문득 어떤 여자의 형체가 황급히 스쳐 지나간 듯했다. 나는 어둠 속을 응시하면서 숨을 죽였다. 무엇이었을까? 발자국 소리가 들린 걸까, 아니면 이번에도 내 심장이 뛰는 소리였을까? 나는 나지막이 "거기 누구예요?" 하고 말했다. 무서운 마음이 들었다. "거기 누구예요?" 나는 더욱 목소리를 낮추어 재차 물었다.

일순간 바람이 획하고 불었다. 하늘에서 빛줄기가 한 차례 번쩍 비쳤다. 별똥별이었다. 나는 '지나이다?' 하고 부르고 싶었지만 그 말이 입에서 떨어지지 않았다. 그러다 갑자기 모든 것이 잠잠해지고 정적이 흘렀다. 숲속의 베짱이조차도 울음을 멈췄다. 나는 일어나 잠시 머뭇거리다가 내 방으로 돌아와 싸늘한 침대에 누웠다. 이상한 흥분이 느껴졌다. 마치 애인을 만나러 갔는데 그 애인이 나타나지 않은 기분이었다. 그와 동시에, 내가 다른 사람의 행복 근처를 지나쳐왔다는 느낌을 지울 수 없었다.

17장

P. 106 이튿날 나는 지나이다를 얼핏 보았다. 그녀는 공작부인과 함께 마차를 타고 어디론가 가고 있었다. 그리고 루신과 말레프스키도 보았는데, 루신은 내게 고갯짓으로 인사를 하는 둥 마는 둥 했다. 젊은 백작은 싱글거

리며 다정스럽게 내게 말을 걸었다. 곁채를 드나드는 사람들 가운데 그 사람만이 용케 우리 집까지 인사를 다녔다. 그는 어머니에게 좋은 인상을 심어 주었지만 아버지는 그를 좋게 보지 않았다. 아버지는 거의 경멸에 가까울 정도로 그를 정중하게 대했다.

말레프스키가 말했다. "이런, 시동 나리, 이렇게 뵙게 되어 반갑기 그지없군요. 당신의 사랑스런 여왕께서는 무얼 하고 계시나요?"

그 순간에는 그의 말쑥하고 잘생긴 얼굴도 혐오스럽게 여겨졌다. 그리고 그가 나를 바라보는 눈이 경멸과 장난끼로 똘똘 뭉쳐 있어 나는 아무런 대꾸도 하지 않았다.

그러자 그가 말했다. "아직도 화가 나 계신가? 그럴 이유가 없잖아. 자네도 알다시피 자네를 시동이라 부른 건 내가 아니니까 말이야. 그리고 시동이란 여왕에게 특별히 딸려 있는 존재거든.

P. 107 그런데 자네가 시동의 책무를 잘 수행하지 못하고 있음을 짚고 넘어가지 않을 수가 없군."

"어째서 그렇죠?" 내가 물었다.

"시동은 자신의 여주인 곁에서 절대 떨어지면 안 되거든. 시동이란 모름지기 자기가 모시는 여왕의 일거수일투족을 모두 알아야 하지. 밤이나 낮이나 여왕을 지키고 있어야 하지 않나." 그가 말했다.

"그게 무슨 말입니까?" 내가 다시 물었다.

"그게 무슨 말이냐고? 알아듣기 쉽게 말했다고 생각하는데. 자네는 자네의 여왕을 밤이나 낮이나 지켜야 한단 말일세. 낮에 살피는 건 그다지 어려운 일이 아니지. 낮은 밝고 낮 동안에는 주변에 사람들이 있으니까. 하지만 밤에는 못된 짓이나 불행한 일이 일어나지 않도록 정신차리고 지켜야지. 내가 충고하는데 밤에 자지 말고 전력을 다해서 살피게. 기억해 둬. 정원에서, 밤에, 분수대에서 말이야. 정신차려 지켜야 할 곳이 바로 거기란 말일세. 내게 고맙다고 하게 될 거야." 백작이 말했다.

말레프스키는 소리내어 웃고는 내게서 등을 돌렸다. 아무래도 그가 한 말에 특별한 뜻이 담겨 있는 것 같지는 않았다. 그는 큰 비밀이나 있는 것처럼 말을 흘리고 다니는 것으로 유명한 사람이었다.

P. 108 그는 그저 나를 놀려주고 싶어서 그랬겠지만 그의 한 마디 한 마디

가 독처럼 내 혈관 사이로 스며들었다. 피가 머리로 솟구쳤다. '아! 그런 거야!' 나는 생각했다. '그래! 내가 정원으로 나가야겠다고 느낀 데는 다 이유가 있었어! 그런 일이 생기게 해서는 안 되지! 말레프스키든, 다른 누구든, 정원에서 내 손에 걸리기만 하면 재미없을 거야! 누구라도 내 눈에 띄지 않는 게 좋을걸! 온 세상에, 그리고 배신자나 다름없는 그녀에게 나도 복수할수 있다는 것을 증명하고 말 테다!'

나는 내 방으로 돌아와 책상에서 얼마 전에 산 주머니칼을 꺼냈다. 나는 날카로운 칼날을 시험해 본 뒤 주머니에 찔러 넣었다. 가슴이 분노로 들먹거렸고 돌덩이를 삼킨 듯 마음이 무거웠다. 나는 주머니 속에서 칼을 움켜쥔 채 온종일 이리저리 서성거렸다. 꽉 쥔 탓에 칼은 뜨뜻해졌고 나는 곧 일어날 끔찍한 일에 대한 각오를 다졌다. 전에는 알지 못한 그 새로운 감정으로 머릿속이 꽉 차고 짜릿한 기분까지 들어, 지나이다에 관한 생각조차 거의 나지 않았다.

아버지는 집에 없었다. 어머니가 내 기분을 눈치챘다. 얼마 전부터 어머니는 무엇 때문인지 어쩔 줄 모르고 화가 나 있는 듯 보였지만 그런 기분을 절대 털어놓지는 않았다.

P. 109 하지만 그 날 저녁식사 시간에 어머니가 내게 말했다. "곡식 광주리 속에 든 쥐처럼 왜 그렇게 부루퉁해 있는 거냐?"

나는 그저 미소로 답을 대신하며 이렇게 생각했다. '사람들이 내 마음을 알기나 할까!'

시계가 11시를 쳤다. 나는 방으로 갔지만 옷을 벗지는 않았다. 자정이 되기를 기다렸고 결국 시계가 울렸다. '때가 왔군!' 나는 생각했다. 나는 목까지 외투 단추를 단단히 잠그고 정원으로 나갔다. 망을 볼 위치는 이미 마음속에 정해둔 터였다. 우리 집과 자세킨 공작부인 집 사이 담장 근처 정원 끝에 소나무가 한 그루 있었다. 소나무의 울창한 가지 밑에 서 있으면 주위에서 일어나는 것은 무엇이든 볼 수 있었다. 나는 그 소나무 쪽으로 가서 나무줄기에 몸을 기대고 망을 보기 시작했다.

전날 밤과 다름없이 고요한 밤이었지만, 그 때보다 하늘에 구름이 적었다. 그래서 덤불뿐 아니라 키 큰 꽃들의 윤곽까지도 똑똑히 보였다.

P. 110 처음 얼마 동안은 기다리기가 몹시 힘들었다. 어떻게 행동에 옮길

것인지의 결정만 남아 있었다. '어디로 가는 거야? 멈춰! 모습을 드러내지 않으면 죽여버릴 테다!' 라고 외쳐야 할까? 아니면 그냥 칼로 찔러야 하나? 어떤 소리, 어떤 부스럭대는 소리도 수상쩍게 들렸고 조금 무섭기까지 했다. 30분이 흐르고 한 시간이 지나자 내 기분은 침착하고 냉정하게 가라앉았다. 내가 쓸데없이 괜한 짓을 하고 있다는 느낌이 들었고, 심지어 내 자신이 우스꽝스럽게 여겨졌다. 말레프스키가 내게 장난쳤다는 생각이 들었다. 나는 숨어 있던 곳에서 나와 정원을 한 바퀴 빙 돌았다. 모든 것이 평화롭게 정적에 싸여 잠들어 있었다. 심지어 우리 집 개도 대문가에서 잔뜩 웅크린 채 자고 있었다. 나는 버려진 온실로 기어 올라가 내 앞에 멀리 펼쳐진 시골 풍경을 바라보았다. 나는 거기서 지나이다와 마주쳤던 일을 회상하며 공상에 빠졌다.

갑자기 문이 삐걱하고 열리는 소리가 들린 듯했다. 그 다음 희미하게 나뭇가지 부러지는 소리가 났다. 나는 온실에서 내려와 꼼짝 않고 멈춰 섰다. 빠르고 가볍지만 조심스러운 발자국 소리가 분명히 정원 쪽에서 들려왔다. 그 소리는 점점 내가 있는 쪽으로 다가오고 있었다. '그 자가 왔구나. 드디어 그 자가 온 거야!' 나는 생각했다. 나는 주머니에서 칼을 꺼내 펴 들었다. 공포와 분노로 머리칼이 쭈뼛쭈뼛 곤두섰다. 발자국 소리는 똑바로 내 쪽을 향하고 있었다.

P. 112 내가 몸을 앞으로 굽혀서 보니 한 남자가 시야에 들어왔다. 세상에! 그 사람은 아버지였다! 아버지는 검은 망토를 입고 모자를 얼굴 위로 푹 눌러 쓰고 있었지만 나는 아버지를 당장 알아보았다. 아버지는 살금살금 내 옆을 지나갔다. 나를 가리고 있는 것은 아무 것도 없었지만 아버지는 나를 보지 못했다. 살인할 작정까지 하고 있던 나는 순식간에 평범한 학생으로 되돌아왔다. 아버지의 예기치 않은 출현에 너무나 놀란 나머지 아버지가 어디로 사라졌는지도 알 수 없었다. 나는 몸을 바로 일으킨 후 생각했다. '아버지가 왜 밤에 정원을 헤매고 다니는 걸까?' 나는 두려운 마음에 들고 있던 칼을 풀 위에 떨어뜨렸지만 찾아볼 생각도 하지 않았다. 나 자신이 부끄러워졌고, 대번에 정신이 들었다.

집으로 돌아오는 길에 지나이다의 방 창문을 올려다보았다. 작은 유리창이 어둠 속에서 희끄무레하게 빛났다. 그런데 갑자기 그 유리창 색이 바뀌었다. 지켜보고 있으니까 유리창 바로 너머의 흰 차양이 창턱까지 그대로 내려와 닿혔다. 내 방으로 돌아왔을 때 나는 "대체 무슨 일이지?"하고 소리 쳤다. 문득 내 머릿속에 몰려 든 생각이 너무나 생소하고 이상해서 나는 감히 그것을 믿기조차 두려웠다.

18장

P. 113 나는 아침에 두통을 느끼며 자리에서 일어났다. 전날의 흥분은 사라지고 없었다. 대신 그때까지는 알지 못했던 음울하리만치 공허한 느낌과 묘한 슬픔만이 느껴질 뿐이었다. 내 안에서 무언가가 죽어버린 듯한 느낌이었다.

"자네 왜 그렇게 골이 반쯤 빠져 버린 토끼 꼴을 하고 있나?" 나를 만났을 때 루신은 이렇게 말했다. 점심 때 나는 아버지와 어머니를 번갈아 쳐다보았다. 아버지는 평소와 같이 침착한 모습이었다. 어머니도 남모르게 초조해하는 기색이 여느 때와 다름없었다. 나는 아버지가 가끔 그러듯이 내게 뭔가 다정한 말을 해 주지 않을까 기다리고 있었다. 하지만 아버지는 평상시 내게 하던 냉랭한 인사마저 하지 않았다. 나는 생각했다. '지나이다에게 내가 본 것을 말해도 될까?' 하지만 다시 고쳐 생각했다. '그래 봐야 달라질 것은 없어. 우리 사이는 완전히 끝났어.'

나는 그녀를 방문했지만 아무 이야기도 하지 않았다. 설사 그럴 마음이 있었다 해도 그 이야기를 미처 꺼낼 틈이 없었을 것이다.

P. 114 열두 살 난 사관학교 학생인 공작부인 아들이 휴가를 얻어 페테르부르그에서 와 있었던 것이다. 지나이다는 자기 동생을 당장 내게 넘겼다.

"자, 사랑하는 볼로쟈, 여기 당신 친구가 생겼어요." 그녀가 말했다. (그녀가 나를 애칭으로 불렀던 것은 그 때가 처음이었다.) "이 애 이름도 볼로쟈예요. 모쪼록 애에게 친절하게 대해 줘요. 아직 숫기가 없지만 마음씨는 착해요. 애에게 네스쿠치니 공원도 보여 주고, 함께 산책도 가고 하면서 좀 돌봐 줘요. 그렇게 해 줄 거죠, 그렇지 않나요? 당신은 참 좋은 사람이에요!"

그녀는 두 손을 다정하게 내 어깨에 얹었고, 나는 당황스럽기 그지 없었다. 그 소년의 존재가 나까지도 어린 소년으로 만들어 버린 것이다. 나는 묵묵히 그 사관학교 학생을 쳐다보았고 소년도 잠자코 나를 응시했다.

지나이다가 깔깔대고 웃더니 가까이 다가서도록 우리 둘을 밀었다.

"소년들, 서로 포옹해요!" 그녀가 말했다.

우리는 서로를 껴안았다.

"정원 구경을 시켜줄까?" 내가 사관학교 학생에게 물었다.

"괜찮으시다면요." 소년이 대답했다.

P. 115 지나이다가 다시 웃음을 터뜨렸다. 나는 그녀가 다른 어느 때보다 더 행복하고 건강해 보인다는 것을 깨달았다.

나는 사관학교 학생과 함께 집을 나섰다. 우리 집 정원에는 옛날식 그네가 있었다. 나는 소년을 그네의 좁은 나무판자에 앉히고 밀기 시작했다. 소년은 새 교복을 입은 채 빳빳이 앉아 그네 줄을 꼭 잡았다.

"목 깃 단추는 푸는 게 좋을걸." 내가 말했다.

"괜찮아요. 습관이 돼서 상관없어요." 소년은 이렇게 말하고 헛기침을 했다.

소년은 누나와 닮았다. 특히 눈이 누나와 많이 비슷했다. 나는 그에게 친절을 베푸는 것이 싫지 않았지만 동시에 슬픈 기분이 들어 마음이 아팠다.

나는 생각했다. '이제 나는 영락없이 어린아이구나. 하지만 어제는…'

나는 전날 밤 칼을 떨어뜨렸던 지점이 기억났다. 찾아 보니 금방 눈에 띄었다. 사관학교 학생이 칼을 사용해봐도 되겠느냐고 물었다. 그러더니 굵은 야생 파슬리 줄기 하나를 꺾어서 풀피리를 만들었다. 나도 피리를 불었다.

P. 116 하지만 그 날 저녁 나는 지나이다의 팔에 안겨서 슬피 울었다. 그녀가 정원 구석에 있는 나를 찾으러 와서 왜 그렇게 기분이 처져 있느냐고 물었다. 나는 그녀가 화들짝 놀랄 정도로 눈물을 펑펑 쏟았다.

"무슨 일이에요? 왜 그래요, 볼로쟈?" 그녀가 물었다. 내가 아무런 대답도 없이 울음을 그치지 않자 그녀는 눈물 젖은 내 뺨에 키스하려고 했다.

하지만 나는 그녀에게서 고개를 돌렸다.

"다 알고 있어요." 나는 훌쩍거리며 이렇게 중얼거렸다. "왜 날 가지고 놀았어요? 무엇 때문에 내 사랑이 필요했던 거지요?"

그녀가 말했다. "다 내 잘못이에요, 볼로쟈. 내 안에는 나쁘고 어둡고 사악한 것이 꽉 차 있어요! 하지만 이제는 당신을 가지고 놀지 않아요. 당신을

246

사랑해요. 내가 왜, 그리고 얼마나 당신을 사랑하는지에 대해서는 의심조차 하지 마세요. 그런데 무엇을 알고 있다는 거죠?'

내가 그녀에게 무슨 말을 하겠는가? 그녀는 나와 마주서서 나를 바라보았고, 나는 그 순간부터 온전히 그녀의 것이 되었다. 15분 후 나는 사관학교 학생과 지나이다와 달리기를 하고 있었다. 나는 넥타이 대신 그녀의 리본을 목에 감고 있었다. 그리고 소리내어 웃었다. 비록 웃을 때마다 퉁퉁 부어 오른 눈에서 눈물이 한두 방울 떨어지긴 했지만 말이다. 그리고 용케 그녀의 허리를 부둥켜 잡았을 때마다 기쁨의 함성을 질렀다.

P. 117 언제나 그랬듯이 그녀는 원하는 대로 마음껏 나를 가지고 놀았다.

19장

P. 118 한밤의 염탐이 실패로 돌아간 그 날 이후 일주일 동안 내가 정확히 어떤 기분으로 지냈는지 상세하게 묘사하기란 어렵다. 전에는 경험한 적이 없는 심란한 시기였다. 의혹과 희망, 기쁨과 고통이 모두 회오리바람처럼 한꺼번에 휘몰아쳤다. 나는 그 어느 것도 깊이 생각하기가 겁났다. 그저 해가 저물 때까지 하루하루 견디다 밤이 오면 잠을 잤다. 내가 사랑받고 있는지 알고 싶은 마음도 없었고, 내가 사랑받고 있지 않다는 것을 믿고 싶지도 않았다. 나는 아버지를 피했지만 지나이다를 피할 수는 없었다. 감정이 일어나는 대로 스스로를 맡겨 버리고, 그 날 본 것은 잊으려 애썼다. 나의 이런 나약함이 어차피 오래 지속되지는 않았겠지만, 어떤 사건이 일어나 일시에 이 모든 것을 갑자기 끝내 버렸다.

어느 날 꽤 멀리까지 산책 나갔다가 점심을 먹으러 집으로 돌아온 나는 혼자 식사해야 한다는 이야기를 들었다. 아버지는 어디론가 나갔고 어머니는 몸이 안 좋았다. 어머니는 식사도 거부하고 침실에 틀어박혀 나오지 않았다. 하인들의 표정에서 무언가 심상치 않은 일이 일어났다는 것을 알 수 있었다.

P. 119 차마 하인들에게 무슨 일인지 캐물을 수는 없었지만 전부터 나와 친하게 지내던, 식사 시중을 드는 젊은 하인 필립으로부터 아버지와 어머니 사이에 한바탕 무서운 싸움이 벌어졌다는 사실을 알게 됐다. 싸움은 하녀들

방까지 한 마디도 빼놓지 않고 들렸다고 했다. 부모님은 싸우면서 대부분 프랑스어로 말했지만, 마샤라는 하녀가 한때 파리에서 일한 적이 있기 때문에 모두 알아들었다. 어머니가 이웃집 젊은 아가씨와 바람을 피우고 있다며 아버지를 비난했다. 아버지는 처음에는 변명하다가 나중에는 벌컥 화를 냈다. 그러자 아버지가 어머니의 나이를 들추며 뭔가 잔인한 말을 했고, 그 소리를 들은 어머니가 울음을 터뜨렸다. 이어서 어머니는 아버지가 공작부인에게 마련해준 돈을 언급했고, 그러자 아버지가 어머니를 협박했다고 했다.

필립이 말했다. "그리고 그 난리가 일어난 것은 모두 익명의 편지 때문입니다. 누가 그런 편지를 써 보냈는지 아무도 몰라요."

"하지만 그런 편지를 보낼 분명한 이유가 있긴 있었던 거야? 그 편지 내용이 조금이라도 사실이었어?" 내가 물었다.

나는 사지가 싸늘해졌고, 온몸이 떨렸다.

P. 120 필립이 윙크를 하더니 이렇게 말했다. "사실이었죠. 그런 일은 숨길 방법이 없지요. 도련님 아버님께서 이번엔 나름대로 조심하신다고 하면서도 충분히 조심하진 않으셨어요. 마차를 빌려서 수상한 곳으로 몰고 다니셨죠. 당연히 그런 일들을 하시려면 하인들의 손을 빌지 않으실 수가 없었고요. 그런 상황에서는 비밀이 지켜지기가 어렵지요."

나는 필립에게 가보라고 한 후 침대에 벌렁 누웠다. 나는 울지도 않았고, 언제 그리고 어쩌다 이런 일이 일어났을까 자문하지도 않았다. 어째서 내가 이미 오래 전에 이 일을 눈치채지 못했는지 궁금해하지도 않았다. 내가 알게 된 사실을 받아들이기가 쉽지 않았다. 이렇게 갑작스럽게 발각된 것이 내 혼을 빼놓았다. 모든 것이 끝장나 버렸다. 내 심장이 바닥에 내동댕이쳐져서 사람들의 발에 짓밟히는 듯한 느낌이었다.

20장

P. 121 이튿날 어머니는 모스크바로 돌아가겠다는 결심을 밝혔다. 아침에 아버지가 어머니의 침실로 들어가 한참 동안 나오지 않고 어머니와 이야기를 나눴다. 아버지가 어머니에게 무슨 말을 했는지 아무도 엿들은 사람은 없었지만, 어머니는 더 이상 눈물을 흘리지 않았다. 어머니는 음식을 가져

오라고 했지만 방 밖으로 나오지는 않았고 떠난다는 계획도 바꾸지 않았다. 나는 온종일 이리저리 돌아다녔지만 정원에는 나가지 않았다. 그리고 곁채 쪽으로는 단 한 번도 눈길을 돌리지 않았다.

그 날 저녁 나는 놀라운 사건을 목격했다. 아버지가 말레프스키 백작의 팔을 잡고 식당을 거쳐 현관으로 끌고 가는 것이었다. 거기엔 하인도 있었지만 아버지는 아랑곳 않고 말했다. "당신에게 나가 달라고 하는 이유는 구태여 설명하지 않겠소. 다만 만일 당신이 또다시 내 집에 온다면 그 때는 당신을 창문 밖으로 던져 버리고 말겠소. 당신 필체도 엉망이더군."

P. 122 백작은 머리 숙여 인사하더니 입술을 악문 채 사라졌다.

하인들은 모스크바로 돌아갈 채비를 하기 시작했다. 떠들썩하게 창피한 일을 벌이지 못하도록 아버지가 어머니를 잘 설득해 놓은 것이 분명했다. 부산 떠는 일 없이 모든 것이 조용히 진행되었다. 어머니는 공작부인에게 편지를 보내서 다시 찾아 뵙게 될 경황이 없을 것 같아 유감이라는 말을 전하기까지 했다. 나는 모든 일이 되도록 빨리 마무리되기를 간절히 바랐다. 하지만 한 가지 생각만은 머릿속을 떠나지 않았다. 어떻게 젊은 처녀가, 그것도 공작의 딸이라는 여자가 그런 짓을 저지를 수 있었을까? 우리 아버지는 가정이 있는 사람이라는 것을 잘 아는 사람이 말이다. 그녀가 바랐던 것은 무엇일까? 자신의 장래가 완전히 망쳐질 수도 있는데 어떻게 겁도 없이 그럴 수 있었단 말인가? 나는 생각했다. '그래, 그런 것이 사랑일 거야. 그런 것이 열정이고 헌신일 거야.' 그러자 전에 루신과 함께 정원을 걸었을 때 그가 탄식하듯 했던 말이 떠올랐다. 그는 이렇게 말했었다. "어떤 사람들에게는 자기희생도 감미로울 수 있다는 게 분명해!"

나는 그냥 그대로는 견딜 수가 없었다. 마지막 작별인사도 없이 그녀와 헤어질 수는 없었다. 나는 적당한 기회를 노려 곁채로 갔다. 응접실에서 공작부인이 여느 때처럼 무관심한 말투로 나를 맞았다.

P. 123 "그 댁은 왜 그렇게 서둘러 떠나는 거죠?" 공작부인이 코담배를 코에 밀어 넣으며 물었다.

부인의 표정을 보니 마음이 한결 가벼워졌다. 부인은 우리 아버지와 자기 딸의 관계에 대해서는 아무것도 모르고 있는 게 분명했기 때문이었다. 창백한 얼굴에 검은 드레스를 입은 지나이다가 옆방에서 나타났다. 그녀는 말없이 내 손을 잡고 멀찍이 데리고 갔다.

"당신 목소리가 들려서 당장 나가본 거예요. 당신이 이렇게 쉽게 우리를 떠나다니요?" 그녀가 말했다.

"아가씨께 작별인사를 드리러 온 겁니다. 이것이 마지막 인사가 될 것 같습니다. 아가씨께서도 들으셨다시피 저희 가족이 이사를 가거든요." 내가 대답했다.

지나이다는 나를 빤히 쳐다보았다.

이윽고 그녀가 말했다. "그래요, 들었어요. 와 줘서 감사해요. 다시는 당신을 만나지 못하는 것이 아닌가 생각하던 참이었어요. 나에 대한 나쁜 기억은 모두 잊어 주세요. 가끔은 내가 당신을 못살게 굴긴 했지만, 난 당신이 상상하는 그런 사람은 아니에요." 그녀는 돌아서서 창가에 기대고 섰다. 그리고 말을 이었다. "당신이 날 나쁘게 생각하는 걸 알고 있어요."

P. 124 "믿어 주세요, 지나이다 알렉산드로브나 양. 당신이 무슨 일을 저질렀든, 그리고 저를 어떻게 괴롭혔든, 저는 죽는 날까지 당신을 사랑할 겁니다." 내가 말했다.

그녀는 재빨리 휙 몸을 돌려 나를 끌어안더니 내게 뜨겁고 열렬한 키스를 했다. 나도 목마르게 그녀의 달콤한 키스를 받아들였다. 내게 다시는 이런 일이 없을 것을 알고 있었다.

"잘 있어요, 잘 있어요." 나는 연거푸 말했다.

그녀는 나를 억지로 뿌리친 다음 나가 버렸고, 나도 집 밖으로 나왔다. 그때의 내 심정은 표현할 길이 없다. 그런 기분을 다시는 겪고 싶지 않을 뿐이다. 하지만 생각하건대 만약 그런 감정을 한 번도 경험하지 못했다면 나는 불행한 사내일 것이다.

우리 가족은 다시 시내로 돌아왔다. 나는 과거를 쉽사리 마음에서 털어내지 못했고, 공부를 금세 다시 시작하지도 못했다. 내 마음의 상처는 더디게 아물어갔지만, 아버지에게는 조금도 나쁜 감정이 없었다. 오히려 그와는 반대로 내 눈에는 아버지가 그 어느 때보다도 멋있어 보였다. 왜 그런지는 심리학자들에게나 최대한 그럴싸하게 설명해 보라고 하자. 나는 모르겠으니까.

어느 날 가로수 길을 따라 걷고 있을 때 루신과 마주쳤다. 나는 너무나 반가웠다. 내가 그를 좋아한 것은 그의 솔직한 태도도 그렇거니와, 내게 추억을 일깨워 주는 존재였기 때문이었다. 나는 그에게로 달려갔다.

"아하! 자네였군. 어디 좀 보세.

P. 125 전처럼 창백한 것은 변하지 않았지만 이제 의젓한 어른 티가 나는 군그래. 좋은 일이야. 그래, 요즘은 뭘 하고 있나? 공부하나?" 그가 말했다.

나는 한숨이 나왔다. 거짓말하기는 싫었지만 사실대로 말하기도 창피했다.

"자, 그게 무슨 대수겠나. 정말로 중요한 건 정상적인 삶을 살아가는 거지. 그리고 열정의 노예가 되지 말아야 하고 말이야. 그런다고 얻어지는 것이 무엇이겠나? 어쨌든 남자란 모름지기 자기 소신을 지키며 살아야 하는 법이라네. 그건 그렇고, 비엘로브조로프 소식은 좀 들었나?" 그가 말했다.

"아뇨. 무슨 일이 있었는데요?" 내가 물었다.

"그 사람, 행방불명이 됐어. 통 소식이 없어. 카프카스 산 속으로 들어가 버렸다는 얘기가 들린다네. 자네가 교훈으로 삼을 일이지, 젊은 친구. 그런 비극은 다 여자에게 혹했다가 제때에 빠져 나올 방법을 찾지 못했기 때문에 생긴 거야. 자네는 그 덫에서 무사히 빠져 나온 것 같군. 다시는 똑같은 올가미에 걸리는 일이 없도록 조심하게." 루신이 말했다.

나는 생각했다. '나는 그런 일 없을 거야. 다시는 그 여자를 만나지 않을 테니까.'

하지만 비록 그 때는 몰랐지만 나는 지나이다를 한 번 더 만날 운명이었다.

21장

P. 126 아버지는 매일 말을 타고 외출하곤 했다. 아버지에게는 멋진 잉글랜드 산(産) 암말이 있었다. 길고 가는 목과 긴 다리를 가진 밤색 얼룩말이었다. 이름은 엘렉트릭이었다. 말의 성미가 워낙 사나워 아버지 외에는 그 누구도 탈 수 없었다. 어느 날 아버지가 기분 좋은 표정으로 내게 다가왔다. 아버지는 승마하러 나갈 채비를 하고 있었는데 이미 신발에 박차까지 단 차림이었다. 나는 아버지께 나도 함께 데려가 달라고 사정하기 시작했다.

"너는 장애물 뛰어넘기 연습이나 하는 편이 훨씬 좋을 게다. 네 말로는 절대 나를 쫓아올 수 없어." 아버지가 말했다.

"아니에요. 따라갈 수 있어요. 저도 박차를 달 거예요." 내가 말했다.

"그래, 그럼 좋다. 따라오너라." 아버지가 말했다.

우리는 출발했다. 내 말은 털이 텁수룩한 흑마였는데 힘이 세고 꽤 팔팔한 놈이었다. 사실 엘렉트릭이 속도를 내어 달릴 때는 내 말은 껑충껑충 뛰며 전속력으로 달리지 않을 수 없었지만 그렇다고 내가 아버지에게 뒤쳐지는 일은 없었다. 우리는 가로수 길마다 내달렸고 울타리도 몇 개 뛰어 넘었다. 나는 처음에는 도약을 하기가 겁났지만 아버지는 겁쟁이처럼 구는 것을 싫어했고 나도 곧 공포를 잊게 되었다. 모스크바 강을 두 번째 건넜을 때 나는 이제 집으로 향하고 있다고 생각했다.

P. 127 그런데 갑자기 아버지가 크림 여울에서 나를 떼어놓고 옆으로 방향을 틀었다. 그러더니 전속력으로 강둑을 따라 달리는 것이었다. 나는 아버지를 따라 달려갔다:

오래된 통나무를 높이 쌓아놓은 곳에 이르자 아버지는 날쌔게 엘렉트릭에서 내렸다. 아버지는 나에게도 내리라고 하더니 내게 자신의 말 굴레를 건네주면서 거기서 기다리고 있으라고 했다. 그런 다음 아버지는 방향을 돌려 좁은 골목길로 사라졌다. 나는 말 두 마리를 끌고 강둑을 따라 왔다갔다 하며 걷기 시작했다. 엘렉트릭은 계속 머리를 내저으며 코를 씨근거리고 히힝하고 울면서 따라왔다. 그리고 내가 멈춰 서기만 하면 낑낑거리는 소리를 내거나 내 말의 목을 물어뜯었다.

아버지는 돌아오지 않았다. 강에서 축축하게 안개가 피어 오르더니 보슬비가 소리 없이 내리기 시작했다. 나는 너무나 심심했지만 여전히 아버지는 돌아오지 않았다. 한 늙은 감시인이 내 쪽으로 다가와 말했다.

"말들을 데리고 여기서 뭐하고 계신지요, 젊은 도련님? 제가 말들을 잡고 있겠습니다."

나는 아무 대답도 하지 않았다. 감시인은 내게 담배를 달라고 했다. 나는 그를 피하려고 아버지가 사라진 방향으로 몇 걸음 뗐다.

P. 128 나는 골목길 끝까지 걸어 내려가서 모퉁이를 돌았다. 순간 그만 걸음을 멈추고 말았다. 내가 있는 데서 40보쯤 떨어진 한길 위, 어떤 조그만 목조 가옥의 열린 창문 옆에 아버지가 서 있었다. 아버지는 내게 등을 진 상태로 창턱에 기댄 채 몸을 집 안쪽으로 숙이고 있었다. 집 안에는 검은 드레스를 입은 한 여자가 앉아 있었다. 그녀는 아버지와 이야기를 나누고

있었다. 지나이다였다.

나는 온몸이 얼어붙고 말았다. 고백하건대, 나는 이런 일이 일어나리라고는 전혀 생각하지 못했다. 순간, 처음에는 달아나고 싶은 충동이 일었다. 나는 생각했다. '아버지가 뒤를 돌아볼 거야. 그러면 난 끝장이다.' 하지만 어떤 이상한 감정이, 호기심이나 질투, 또는 공포보다도 강한 어떤 느낌이 나를 그곳에 붙잡아두었다. 나는 유심히 쳐다보기 시작했다. 그리고 잔뜩 귀를 기울였다. 아버지는 뭔가를 우기고 있는 듯했다. 지나이다는 아버지 말에 동의하려 들지 않았다. 지금 이 순간도 그녀의 아름다운 얼굴에 서린 표정이 눈에 선하다. 그것은 헌신과 슬픔, 사랑과 일종의 절망까지 모두 내포한 표정이었다. 그녀는 짤막하게 대답했고 웃을 때도 눈을 들지 않았다. 그녀의 웃는 얼굴에서 내가 예전에 알던 지나이다의 모습을 볼 수 있었다. 아버지는 어깨를 으쓱하더니 머리 위의 모자를 똑바로 했다. 아버지가 초조할 때면 으레 하는 버릇이었다. 그러다 내 귀에 "당신은 이것에서 벗어나야 해요."라고 말하는 소리가 들렸다.

P. 129 지나이다는 허리를 펴고 똑바로 앉더니 간청하는 듯한 몸짓으로 아버지 쪽으로 한쪽 팔을 길게 뻗었다. 그 때 갑자기, 바로 내 눈 앞에서 도저히 믿기지 않는 일이 일어났다. 아버지가 채찍을 들어올려 팔꿈치까지 살이 드러난 그녀의 팔을 세게 후려친 것이다. 나는 비명이 터져 나오는 것을 가까스로 참았다. 지나이다는 온몸을 떨면서 한 마디 말 없이 아버지를 쳐다볼 뿐이었다. 그녀는 내밀었던 팔을 천천히 자신의 입술에 가져다 대고 빨갛게 달아오른 채찍자국에 키스했다. 아버지는 채찍을 멀리 내던지고 황급히 층계를 뛰어올라 집 안으로 들어갔다. 지나이다 역시 두 팔을 벌린 채 몸을 돌리고 창가에서 멀어져 갔다.

나는 심장이 내려 앉았고, 두려움에 압도당한 채 골목길을 달려 나왔다. 나는 강둑으로 되돌아왔다. 아무 것도 제대로 생각할 수 없었다. 냉정하고 신중하기로 유명한 아버지도 가끔은 발작적으로 분노에 사로잡힐 때가 있다는 것을 알고 있었지만 그래도 방금 내가 목격한 것은 도저히 이해할 수 없었다. 하지만, 아까 지나이다가 보였던 행동과 미소는 내 목숨이 다하는 날까지 영영 잊혀지지 않을 것 같았다. 그녀의 모습이 영원히 내 기억 속에 각인되고 말았다.

P. 130 나는 멍하니 강을 바라보았고, 나도 모르는 새 눈물이 흘러내렸다. '그녀가 맞다니. 맞다니… 맞다니…' 나는 계속 이런 생각뿐이었다.

P. 131 그 때 등 뒤에서 아버지의 목소리가 들렸다. "애야! 뭐하고 있니? 내 말을 데려와라!"

나는 기계적으로 아버지에게 말 굴레를 넘겼다. 아버지는 엘렉트릭에 훌쩍 올라탔다. 암말은 몸을 웅크린 채 뒷다리로 서서 버티다가 3미터 정도 앞으로 뛰어올랐지만 아버지가 곧 진정시켰다. 아버지가 말 옆구리를 박차로 꾹 누른 채 주먹으로 말의 목덜미를 내리친 것이다. "이런, 채찍이 없잖아." 아버지가 중얼거렸다.

나는 방금 전에 아버지의 채찍이 획하고 그녀의 팔을 내려치던 소리를 떠올리고 몸서리를 쳤다.

"채찍은 어디 두셨어요?" 나는 잠시 가만히 있다가 물었다.

아버지는 아무 대답도 않고 앞으로 말을 내달렸다. 나는 아버지를 뒤쫓아 갔다. 아버지의 표정을 봐야겠다는 생각이 들었다.

"나를 기다리느라 지루했니?" 아버지가 말했다.

"조금요. 채찍은 어디다 떨어뜨리셨어요?" 내가 물었다.

아버지는 나를 슬쩍 쳐다보면서 대답했다. "떨어뜨린 게 아니야. 일부러 버렸다."

P. 132 아버지는 생각에 잠겨 고개를 숙였다. 그리고 그 때 나는 난생 처음으로 아버지의 얼굴에도 이루 말할 수 없는 다정함과 연민이 담길 수 있다는 것을 알았다.

아버지는 다시금 내달리기 시작했고, 이번에는 아버지를 따라잡을 수 없었다. 나는 아버지보다 15분 늦게 집에 도착했다.

'그건 사랑이야.' 그 날 밤 책과 종이가 어지럽게 널려 있는 책상에 앉아서 나는 생각했다. '그건 열정이야! 자기가 아무리 사랑하는 사람일지라도 그렇게 매질을 당하는 건 견딜 수 없는 일일 텐데! 하지만 사랑에 빠지면 그것도 가능한 일인가보다.'

지난 한 달 동안 나는 굉장히 조숙해졌다. 내가 목격한 열정에 비하면 고통으로 온통 얼룩졌던 지나이다에 대한 내 사랑은 유치하고 한심스러워 보일 뿐이었다. 나는 그 열정을 감히 이해할 수 없었고, 그 열정이 나를 섬뜩

하게 했다.

그 날 밤 나는 괴이하고도 무서운 꿈을 꾸었다. 꿈 속에서 나는 천장이 낮고 어두운 방으로 들어갔다. 방 안에는 아버지가 손에 채찍을 들고 서서 화가 나 발을 구르고 있었다. 구석에는 지나이다가 웅크리고 있었는데 팔이 아니라 이마에 붉은 자국이 나 있었다. 두 사람 뒤에는 온몸이 피투성이인 비엘로브조로프가 버티고 서 있었다. 그는 하얗게 질린 입술을 열어 분노에 찬 어조로 아버지를 위협했다.

P. 133 두 달 후 나는 대학에 입학했다. 그로부터 6개월 후 아버지가 페테르부르크에서 뇌졸중으로 돌아가셨다. 돌아가시기 얼마 전 아버지가 어머니와 나를 데리고 그곳으로 이사해 있었다. 작고하기 며칠 전 아버지는 모스크바로부터 편지 한 통을 받았는데 그것을 읽고 몹시 화를 냈다. 아버지는 어머니에게 가서 무언가를 도와 달라고 사정했다. 그리고 나중에 들은 소리지만 아버지가 그 때 눈물까지 보였다고 한다. 우리 아버지가 말이다!

뇌졸중으로 쓰러진 바로 그 날 아침 아버지는 내게 프랑스어로 편지 한 통을 썼다.

아버지가 남긴 편지 내용은 이러했다. '아들아, 여자의 사랑을 두려워하거라. 그 행복, 그 독을 두려워하거라.'

아버지가 돌아가신 후 어머니는 상당히 많은 돈을 모스크바로 보냈다.

22장

P. 134 4년의 세월이 흘렀다. 나는 막 대학을 졸업했고, 앞으로 무엇을 할지 결정하지 못하고 있었다. 그래서 얼마 동안 할일 없이 빈둥거리며 시간을 보내고 있었다. 그러던 어느 날 저녁 나는 극장에서 마이다노프와 마주쳤다. 그는 그새 결혼하고 공무원으로 일하고 있었다. 그렇지만 성격은 별로 달라진 데가 없었다.

"자네 알고 있나? 돌스키 부인이 이곳에 와 있다네." 그가 말했다.

"돌스키 부인이 누굽니까?" 내가 물었다.

"자네, 어떻게 그 여자를 잊을 수 있지?" 그가 반문했다. "우리 모두, 그리고 자네까지도 죽고 못살았던 그 자세킨 공작 딸 말일세. 네스쿠치니 공원

근처에 있던 시골 별장에서 있었던 일 기억나지?"

"그 여자가 돌스키란 사람과 결혼했나요?" 내가 물었다.

"그렇다네." 그가 대답했다.

"그럼 그 여자가, 여기, 이 극장에 왔단 말입니까?" 내가 다시 물었다.

"아니, 하지만 페테르부르크에 있어. 며칠 전에 이곳으로 왔지. 외국으로 나갈 예정이라더군." 그가 대답했다.

"남편은 어떤 사람인가요?" 내가 물었다.

마이다노프가 말했다. "아주 멋진 친구지. 재산도 많고 말이야. 모스크바에서 나와 동료로 지냈던 사람이라네.

P. 135 그 해 여름 그런 추문이 있었던 데다 잇따른 여파로 그 여자가 제대로 된 결혼을 하기란 쉽지 않았지. 하지만 워낙 영리한 여자인지라 가능하지 않은 것이 없어. 가서 만나보게. 자네를 보면 아주 반가워할 거야. 지금이 옛날보다 더 예쁘다니까."

그는 내게 지나이다의 주소를 주었다. 그녀는 데무트 호텔에 머물고 있었다. 옛 추억이 마음속에 되살아났다. 나는 다음날 그녀를 만나러 가기로 작정했지만 무슨 일이 생겨 가지 못했다.

일주일이 흐르고, 또 일주일이 흘렀다. 마침내 내가 호텔로 가서 돌스키 부인을 뵈러 왔다고 했을 때 놀랍고 불행한 소식을 들었다. 그녀는 나흘 전 아기를 낳다가 갑자기 숨을 거두었다는 것이다.

심장에 비수가 꽂히는 듯한 느낌이었다. 그녀를 만날 기회가 있었는데 내가 그러지 않았고, 이제 다시는 그녀를 볼 수 없다는 생각을 하니 가슴이 저렸다. "그녀가 죽다니!" 나는 멍하니 호텔 문지기를 바라보며 이렇게 되뇌었다. 나는 천천히 뒤돌아서서 길가로 나섰고, 어디로 가는지도 모른 채 무작정 걸었다. 과거의 일이 한꺼번에 눈앞에 떠올랐다. 그렇게 젊고 눈부시던 생명이 그토록 열심히 달려가던 인생의 종착지가 고작 이런 것이었던가?

P. 136 좁은 상자에 갇혀 눅눅하고 어두운 땅 속에 누워 있을 그녀의 사랑스러운 모습과, 그 눈과, 그 곱슬머리를 상상해 보았다. 나는 돌아가신 아버지를, 그리고 지나간 모든 일을 떠올렸다. 그런데 절박한 심정으로 이 모든 생각을 하는 와중에 내 가슴 속에 메아리 치는 말이 있었다.

'무심한 사람의 입에서 나는 그녀가 죽었다는 말을 들었노라
　그리고 나도 무심히 그 말에 귀를 기울였노라.'

　청춘은 아무것도 걸릴 것이 없는 존재다. 아무것도 청춘을 해칠 수는 없다. 말하자면 청춘은 우주의 모든 보물을 차지한 주인이다. 심지어 슬픔조차도 청춘에게는 기쁨이고, 심지어 고통에서도 청춘은 이익을 얻는다. 청춘은 자신만만하고 오만하며, 자신만을 생각한다. 하지만 청춘의 날들은 마치 햇볕에 내놓은 양초처럼, 마치 눈처럼, 쏜살같이 흘러가고 흔적도 없이 사라진다. 그리고 어쩌면 청춘의 매력은 못할 것이 없다는 데 있는 것이 아니라, 스스로 못할 것이 없다고 생각하는 데 있는 것이다. 또는 어쩌면 자기가 가진 것들을 이용해보지도 못하고 무심코 그것들을 날려 버리는 데에 있을지도 모른다. 그러다 결국 그들은 이렇게 말한다. "오, 만약 시간을 낭비하지 않았더라면 내가 못할 일이 하나도 없었을 텐데!"
　그리고 나는… 나는 무엇을 원했던가? 내가 기대했던 건 무엇이었나?
P. 137 나는 왜 첫사랑의 죽음에 대해 별 감흥을 느끼지 못했던가? 내가 품었던 모든 희망과 꿈은 모두 어떻게 되었는가? 그리고 지금, 내 인생의 황혼이 다가오는 이 시점에서, 내 젊은 날의 추억보다 더 소중한 것이 내게 있기나 한가?
　그런데 어쩌면 내 자신을 너무 심하게 몰아붙이고 있는 것인지도 모른다. 그 당시, 경솔했던 젊은 시절에도 내가 슬픔을 호소하는 목소리에 완전히 귀를 막고 있었던 것은 아니다.
　지나이다가 죽고 나서 며칠 후, 나는 어머니와 나와 한집에 살던 어떤 불쌍한 노파의 임종을 지켜보게 되었다. 노파는 누더기 이불을 덮고 딱딱한 나무판자 위에 자루를 베개 삼아 누워서 힘들고 고통스럽게 숨을 거두었다. 노파는 평생 매일매일 필요한 것을 얻으려고 고통스럽게 몸부림치며 살았다. 그녀의 인생에는 아무런 기쁨이 없었기에, 노파가 심지어 자신의 죽음을 반겼을 거라는 생각까지 들 정도였다.
　하지만 고통스럽게 숨을 이어가는 내내 노파는 가슴에 성호를 그으며 이렇게 속삭였다. "주님, 제 죄를 사하여 주옵소서." 마지막 숨을 거두는 순간에 이르러서야 그녀의 눈에서 죽음에 대한 공포와 두려움이 사라졌다.

P. 138 그 불쌍한 노파의 임종을 지켜보면서 나는 그제서야 지나이다의 죽음에 대한 충격이 느껴졌다.

P. 139 그래서 문득 지나이다와, 나의 아버지와, 그리고 나 자신을 위해 기도 올리고 싶은 마음이 간절해졌다.

무무

P. 142 오래 전, 모스크바 외곽 어떤 거리에 한 과부가 살고 있었다. 과부의 집은 흰 기둥이 늘어서고 발코니가 있는 회색의 큰 저택이었다. 아들들은 페테르부르크에서 공무원으로 근무하고 있었고, 딸들은 출가를 했다. 그녀는 거의 외출도 하지 않고 혼자 외롭게 노년의 세월을 보내고 있었다. 그녀의 무미건조하고 음울했던 젊은 시절도 그나마 오래 전에 과거가 되어 버렸다. 그녀 인생의 황혼은 그보다 더 비참했다. 그녀는 친구는 없었지만 하인은 여럿 거느리고 있었다. 그 중 몇은 별로 하는 일이 없었다. 대신 그들의 주된 역할은 여주인의 말벗이 되어 주는 것이었다.

모스크바 근교 시골에 과부가 소유한 땅이 있었고, 그곳에서 농노 여럿이 농사를 지었다. 그들 중에서 게라심이라는 농노가 가장 눈에 띄는 존재였다. 그는 보통 사람보다 키가 30센티 정도 더 큰 건장한 체격의 사내였는데 날 때부터 귀머거리에 벙어리였다. 그는 태어나 어른이 될 때까지 줄곧 그 작은 마을에 살면서 농사를 지었다. 그는 소작료나 추수기의 다른 부과금을 꼬박꼬박 내기로도 농부들 전체에서 으뜸이었다.

P. 143 그는 범상치 않게 기운이 세서 네 사람 몫의 일을 거뜬히 해냈다. 그가 귀머거리에 벙어리만 아니었어도 어떤 아가씨라도 그와 결혼하겠다고 나섰을 것이다. 그는 다른 농부들과 떨어져 작은 오두막집에서 혼자 살았지만 부족함을 몰랐다. 그러던 어느 날 과부가 그를 모스크바로 데려와 자신의 저택에서 일을 시키기로 작정했다. 그녀는 그에게 장화와 말끔한 옷을 사 입히고 자기 집 문지기로 삼았다. 쟁기와 낫을 쥐었던 손에 빗자루와 삽이 들렸다.

게라심은 처음에는 새롭게 바뀐 생활이 너무나 마음에 들지 않았다. 그는 어린 시절부터 들일과 시골생활에 익숙한 사람이었기 때문이었다. 귀머거리인 그는 더더욱 말이 없어졌고, 다른 사람들 근처에 가는 것을 피했다. 고향을 떠나 모스크바로 불려왔을 때 그는 자신에게 무슨 일이 일어나고 있는지조차 이해하지 못했다. 그는 비참하고 혼란스러웠다. 그가 새로 맡게 된 일은 그 때까지 해오던 농부의 힘든 노동에 비하면 너무나 싱거웠다. 그는 반시간만에 맡은 일을 모두 해치웠다. 그러면 그는 마당 한가운데에 서서 누구라도 지나가면 입을 벌린 채 쳐다봤다.

P. 144 아니면 갑자기 어느 구석으론가 내뺀 다음 마치 우리에 갇힌 짐승처럼 몇 시간씩 꼼짝도 않고 앉아 있곤 했다.

그러나 사람은 적응 못할 것이 없는 법이어서 결국 게라심도 도시생활에 익숙해져 갔다. 그가 할 일은 별로 없었다. 마당을 깨끗이 쓸고, 하루에 두 번 물을 한 통씩 길어오고, 집에서 쓸 장작을 패고 나르는 게 그의 임무였다. 그 외에, 낯선 사람들의 접근을 막고 밤에 망을 보는 것이 다였다. 그는 자신의 임무를 충실히 수행했다. 그가 쓰는 마당에는 먼지나 흙 한 톨도 찾아볼 수 없었다. 그가 장작을 팰 때는 크고 작은 나무 토막들이 온 방향으로 튀었다. 또한 망을 볼 때도 눈에 불을 켜고 지켰다. 어느 날 밤 그는 도둑 두 명을 붙잡고는 그들의 머리를 한데 맞부딪쳤는데 그 일로 그 도둑들은 경찰서에 끌고 갈 필요가 없을 지경이 되었다. 그 후 다시는 집에 도둑 드는 일이 없었다. 사실 그런 일이 있고 나서는 동네 전체가 그를 존경스럽게 대하기 시작했다.

게라심이 다른 하인들과 유난히 사이 좋게 지낸 것은 아니었지만 그들을 동료라고 생각했다. 하인들이 손짓으로 자신들이 원하는 것을 설명하면 그는 잘 알아들었다. 그는 지시받은 것을 어김없이 수행하면서도 자신의 권리도 챙길 줄 알았다. 그래서 곧 어느 누구도 감히 식탁에서 그의 자리에 앉을 수가 없게 되었다.

P. 145 그는 엄격하고 진지한 성격이었고, 매사에 질서가 있는 것을 좋아했다. 하인들은 그를 경외했다.

게라심은 부엌 위 작은 다락방을 배정받아서 자신의 취향대로 꾸몄다. 그는 떡갈나무 판자로 침대 틀을 짰다. 정말로 거대한 침대가 완성되었는데, 2톤의 무게도 너끈히 견딜 것 같았다. 침대 밑에는 나무 궤짝이 있었고, 방 한 귀퉁이에는 작은 탁자 하나와 튼튼한 세발 걸상이 놓여 있었다. 다락방 문은 맹꽁이 자물쇠가 채워져 있었는데 하나밖에 없는 열쇠는 게라심이 항상 몸에 지니고 다녔다. 그는 사람들이 자기 방에 오는 것을 좋아하지 않았다.

한 해가 흘렀다. 저택에 사는 하인들 중에는 세탁부와 목수, 재단사와 마구 제조인에 과부의 주치의도 있었다. 마구 제조인은 수의사 훈련을 받은 사람이었는데 하인들이 아플 때 치료해 주기도 했다. 과부에게는 카피톤 클리모프라는 이름의 전용 제화공도 딸려 있었는데 페테르부르크 출신으로 스스로를 교양 있다고 여기는 사람이었다.

P. 146 그는 자신의 재능을 알아주는 사람이 없다며 한탄하는 술주정뱅이였다.

어느 날 과부가 이 제화공을 두고 하인장인 가브릴라와 이야기를 나눴다. 과부는 술 취해 다니는 클리모프의 작태와 그의 불성실한 근무태도에 대해 우려를 표했다. 전날 밤 그가 술에 취해 길에 쓰러져 있는 것을 사람들이 집에 데려왔던 것이다.

과부가 말했다. "가브릴라, 만약 우리가 클리모프의 결혼을 주선하면 어떨까? 자네 생각은 어때? 그럼 안정을 좀 찾을까?"

"그럼요. 저도 그렇게 생각합니다. 그자에게는 결혼이 아주 좋은 해결책입니다, 마님." 가브릴라가 대답했다.

"그래. 그런데 누가 그자와 결혼하려는 사람이 있을까?" 과부가 말했다.

"아, 그거야 마님께서 정하시기 나름이죠." 가브릴라가 말했다.

"내 보기에 그자가 타티아나를 마음에 두고 있는 것 같던데." 과부가 대꾸했다.

이 말을 들은 가브릴라는 무슨 말인가 하려다가 입을 꾹 다물었다.

"그래! 그자와 타티아나를 결혼시켜야겠어." 여주인이 결심한 듯이 말했다. 그녀는 코담배를 한 모금 들이마시고 나서 말했다. "내 말 들었나?"

"네, 마님." 가브릴라가 대답했다.

가브릴라는 작은 곁채에 있는 자신의 방으로 돌아왔다. 그는 아내를 방에서 내보낸 다음 창가에 앉았다.

P. 147 그는 여주인과 나눴던 대화와 예상치 못한 지시에 대해 곰곰이 생각했다. 타티아나는 저택에서 일하는 세탁부였다. 그녀는 스물여덟 살 난 깡마른 금발머리 여자로 왼쪽 뺨에 사마귀가 있었다. 러시아에서 왼쪽 뺨에 난 사마귀는 불길한 징표로 여겨졌다. 불행한 삶을 예고하는 표시였다. 그리고 실제로도 타티아나에게는 한 번도 행운이 따른 적이 없었다. 아주 어릴 적부터 그녀는 부당한 대우를 받았다. 두 사람 몫의 일을 했지만 아무도 귀여워해 주는 사람이 없었다. 항상 누추한 옷만 주어졌고 가장 적은 급료를 받았다. 그녀에게는 친척도 거의 없었다. 집사로 일하는 아저씨가 한 명 있었

지만 멀리 시골에 살았다. 그녀의 다른 아저씨뻘 친척은 모두 농부였다. 그녀는 한때 예쁜 아가씨였지만 지금은 그 미모가 빛을 잃었다. 그녀는 자신을 하잘것없는 사람으로 생각했고 사람을 모두 무서워했다. 자기에게 주어진 일을 제 시간에 끝내야 한다는 것밖에 다른 생각은 없었다. 누구에게도 말을 거는 법이 없었고, 여주인의 이름만 들어도 벌벌 떨었다.

P. 148 게라심이 시골에서 불려왔을 때 그의 거대한 몸집을 본 그녀는 거의 기절할 뻔했다. 그녀는 그와 마주치지 않으려고 온갖 노력을 다했다. 세탁장에서 집으로 돌아오는 길에 그의 곁을 지나쳐야 할 때는 줄행랑을 놓았다.

게라심은 처음에는 그녀에게 별다른 관심을 보이지 않았다. 그러다가 그녀와 우연히 마주치게 되면 미소를 지었고, 좀더 지나자 심지어 그녀를 감탄의 눈길로 바라보기 시작했다. 어떤 이유에서인지는 몰라도 그녀에게 호감을 느낀 것이다. 그것이 그녀의 얼굴에 서린 온화한 표정 때문이었는지, 아니면 그녀의 겁내는 듯한 행동 때문이었는지는 알 길이 없다. 그러던 어느 날 그녀가 마당을 가로질러 가고 있을 때 갑자기 누군가 그녀의 팔꿈치를 움켜잡았다. 그녀는 뒤를 돌아보고 비명을 질렀다. 뒤에 게라심이 버티고 서 있었던 것이다. 그는 백치 같은 미소를 지으며 그녀에게 꼬리와 날개에 금박을 입힌 수탉 모양의 생강과자를 내밀었다. 그녀가 과자를 거절하려고 하는데 그는 벌써 그녀의 손에 과자를 쥐어 주었다. 그리고는 그녀를 향해 뭔가 다정스럽게 웅얼대더니 멀리 걸어가 버렸다.

그 날 이후 그는 그녀를 가만히 내버려두지 않았다. 그녀가 가는 곳마다 싱글거리는 얼굴로 나타나 뭐라 웅얼대면서 두 손을 흔들었다. 그리고는 그녀의 손에 리본을 쥐어주거나 그녀가 가는 길에서 먼지를 쓸어내곤 했다. 불쌍한 타티아나는 어떻게 처신해야 할지, 무엇을 해야 할지를 몰랐다. 귀머거리 문지기가 여자에게 반했다는 사실은 금세 온 집안에 퍼졌다.

P. 149 타티아나는 사정없이 놀림감이 되었다. 하지만 아무도 게라심을 놀릴 엄두는 못 냈다. 그가 농담을 반기는 사람이 아니었기 때문이었다.

어느 날 식사시간에 의류담당 하녀가 타티아나를 못살게 굴기 시작했고, 타티아나는 거의 울음을 터뜨릴 지경이었다. 게라심이 자리에서 일어나 한 손을 의류담당 하녀의 머리 위에 얹었다. 그가 무서운 얼굴로 그녀를 빤히 쳐다보자, 가엾은 하녀는 겁에 질리고 말았다. 그는 거기서 멈추지 않고 하녀의 머리가 식탁에 쿵 하고 닿을 때까지 내리눌렀다. 아무도 입을 벌리는 사람은 없었다. 게라심은 다시 자신의 숟가락을 집어들고 양배추 수프를 마저 먹었다.

또 한 번은 카피톤이 타티아나와 잡담하고 있는 것이 게라심의 눈에 띄었다. 게라심은 그에게 오라고 손짓했다. 그리고는 그를 밖으로 데리고 나가 마차를 보관하는 창고에 밀어넣었다. 그러더니 한 구석에 세워져 있던 마차 끌채를 집어들고 제화공을 때릴 태세로 겁을 주었다. 그런 일들이 있은 후로는 아무도 타티아나를 놀리는 사람이 없었고 심지어 꼭 필요한 경우가 아니면 그녀에게 말도 걸지 않았다.

게라심이 의류담당 하녀에게 한 짓은 당일로 과부 여주인의 귀에도 들어갔다. 하지만 과부는 그저 웃음을 터뜨렸고 다음날 게라심에게 1루블을 보냈다.

P. 150 과부는 게라심을 힘세고 충직한 문지기로 총애했다. 게라심은 과부가 조금 무섭기는 했지만 타티아나와의 결혼을 허락해 달라고 말할 작정이었다. 그런데 이 여주인이 갑작스럽게 타티아나와 카피톤을 결혼시킬 생각을 했던 것이다.

이제 독자들은 여주인과 이야기를 나눈 후 가브릴라가 곤혹스러워했던 이유를 잘 알았을 것이다.

'마님은 게라심을 총애하신다.' 가브릴라는 창가에 앉아서 생각했다. '하지만 그는 말을 못하는 사람이야. 내가 나서서 게라심이 타티아나에게 청혼하는 것을 허락해 달라고 부탁할 수는 없어. 게다가, 어쨌든 게라심은 남편감이 되기에는 좀 별난 존재잖아? 하지만 만약 타티아나를 카피톤과 결혼시키려 한다는 것을 그가 아는 날에는 온 집안을 부셔버리고 말 텐데!'

이윽고 가브릴라는 자리에서 일어나 카피톤 클리모프를 불렀다. 곧 제화공이 나타났다. 그는 방 안으로 들어가지 않고 문가까지 와서 벽에 몸을 기대고 섰다. 가브릴라는 카피톤을 쳐다보고 손가락으로 창틀을 두드렸다. 카피톤은 슬쩍 웃음을 흘리더니 희끗희끗한 머리를 한 손으로 쓸어올렸다.

"자, 여기 이렇게 왔습니다. 용건이 뭐죠?" 그가 말했다.

P. 151 "자네는 인물 하나는 좋지. 하지만 그 꼴이 뭔가? 아주 엉망이군그

263

래!" 가브릴라가 말했다.

카피톤은 천연덕스럽게 자신의 꾀죄죄한 웃옷과 여기저기 기운 바지, 그리고 낡아빠진 부츠를 훑어보았다. 그리고 가브릴라에게로 눈길을 돌렸다.

"그래서요?" 그가 말했다.

"그래서요?" 가브릴라가 그의 말을 되풀이했다. "그래서요? 자네는 영락없이 마귀 꼴이야. 맙소사, 내 입으로 이런 소리까지 하다니."

카피톤은 눈을 깜빡이며 아무 말도 하지 않았다.

"자네 또 술에 취했군, 그렇지 않나? 응? 물었으면 대답을 해!" 가브릴라가 외쳤다.

"그래요. 술을 좀 마셨어요. 하지만 건강이 안 좋아서 약으로 마신 것뿐이에요." 카피톤이 말했다.

"건강이 안 좋아서!" 가브릴라가 다시 그의 말을 되풀이했다. "말도 안 돼! 자네는 술주정뱅이야. 페테르부르크에서 기술을 익혔다고는 하지만 자네 거기서 배운 게 대체 뭔가? 매일 먹는 밥값도 못하고 있지 않나."

카피톤이 말했다. "그 점에 대해서는 주님 한 분만이 나를 심판할 수 있어요. 아무도 나보고 뭐라 할 수 없어요. 또 주님만이 내가 어떤 인간인지 아시고 내가 매일 밥값을 하는지 못 하는지 아신다고요.

P. 152 그리고 술주정뱅이라고 나를 비난하시는데, 그 때 그건 내 잘못이 아니에요. 친구 하나가 나를 유혹에 빠뜨리고는 달아나 버렸어요. 그 때 나는…"

"그 때 자네는 길거리에 거위처럼 뻗어 있었지." 하인장이 말을 가로챘다. "이보게, 카피톤, 자네라는 사람에게는 도덕관념이라곤 손톱만큼도 없군그래! 그나저나 내가 하려던 말은 이게 아니네. 자네에게 전해 줄 말이 있어. 마님께서는 자네가 가정을 꾸려야 한다고 생각하시네. 알아듣겠나? 마님께서는 자네가 결혼하면 좀더 착실한 사람이 될지도 모른다고 생각하신단 말일세. 내 말 알아듣겠어?"

"알아듣다마다요." 카피톤이 대꾸했다.

"그럼, 말하지. 내 생각에도 자네가 들어가 숨을 곳이 생기면 상황이 나아질 것 같아. 하지만 그거야 마님께서 알아서 하실 일이지. 어떻게 하겠나? 결혼하는 것에 동의하나?" 하인장이 물었다.

카피톤이 싱긋 웃었다. "결혼은 누구에게나 멋진 일이죠, 가브릴라 안드레이치 씨. 그리고 그것이 마님께서 원하시는 일이라면, 저도 기꺼이 가정을 꾸리겠어요."

"잘됐군." 가브릴라는 이렇게 대꾸하고 말했다. "그런데 문제가 좀 있네. 마님께서 자네 배필로 점 찍으신 아가씨 상황이 좋지 않아."

"왜요, 그 아가씨가 누군데요?" 카피톤이 물었다.

"타티아나야." 가브릴라가 대답했다.

"타티아나." 이번에는 카피톤이 가브릴라의 말을 따라 했다. 그는 두 눈을 휘둥그렇게 뜨고 벽에서 조금 떨어졌다.

P. 153 "아니, 왜 그러는 거지? 타티아나가 자네 취향이 아니라는 건가?" 하인장이 물었다.

"타티아나야 일 열심히 하는 착실한 아가씨죠. 그리고 저는 마님의 선택에 하등 문제 삼을 이유가 없고요. 하지만 하인장께서도 잘 아시다시피 그 문지기가, 그 괴물 같은 놈이 쫓아다니는 여자가 아닙니까?" 카피톤이 말했다.

"그거야 나도 잘 알지. 하지만 그건…" 하인장이 말했다.

카피톤이 말을 가로챘다. "그자가 날 죽일 겁니다. 맙소사, 죽이고도 남지요. 나를 파리처럼 눌러 죽일 거예요. 그자의 주먹 크기를 한번 보세요! 그리고 그 놈은 귀머거리라고요! 그놈이 사람을 팰 때는 자기가 얼마나 심하게 패고 있는지 듣지도 못한다고요! 마치 꿈결에 주먹을 휘두르는 거나 마찬가지예요. 그리고 그자를 진정시킬 도리도 전혀 없어요. 사람들이 말려도 듣지 못하고 거기다 멍청하기까지 하잖아요. 세상에, 그자는 나무토막보다도 지능이 낮은 짐승이나 다름없어요. 대체 내가 무슨 잘못을 저질렀다고 그런 자의 손에 고통을 당해야 하지요?"

"나도 알아. 나도 안다고." 하인장이 말했다.

"하느님, 맙소사!" 제화공이 외쳤다. "언제쯤 끝나려나?

P. 154 나는 끝도 없이 고통만 당하는 비참한 신세라고요! 도대체 내 인생은 왜 이 모양이지! 어린 시절에는 나를 도제로 부리던 독일인에게 얻어터지더니, 한창 젊은 시절엔 내 동포들에게 얻어터졌어요. 그러더니 이제 인생의 황혼을 맞는 이 나이에 이르러서 또 이런 지경을 참아내야 하다니!"

"이런, 한심한 친구 같으니라고! 그렇게 청승 떨지 말게! 왜 그렇게 징징

거리고 난리인가?" 가브릴라가 말했다.

"왜냐고요?" 카피톤이 물었다. "내가 두려워하는 것은 맞는 게 아니에요, 가브릴라 안드레이치 씨. 점잖은 사람이라면 사석에선 나를 욕하다가도 다른 사람들 앞에서는 정중히 대하는 법이지요. 나도 이래봬도 사람이라고요!"

"이봐, 그만 가보게." 가브릴라가 결국 참지 못하고 말했다.

카피톤은 뒤돌아 서서 비틀거리며 걸어갔다.

"그럼 게라심만 없다면 마님의 분부에 따를 텐가?" 하인장이 외쳤다.

"동의를 표하는 바입니다." 카피톤은 이렇게 쏘아붙이고 사라졌다.

하인장은 몇 번씩이나 방안을 왔다갔다했다.

"자, 이제는 타티아나를 불러야겠군." 이윽고 그가 말했다.

몇 분 후 타티아나가 문가에 나타났다.

P. 155 "무슨 시키실 일이라도 있으신가요, 가브릴라 안드레이치 씨?" 그녀가 나직한 목소리로 물었다.

하인장은 그녀를 빤히 쳐다보았다.

그가 입을 열었다. "타뉴샤, 결혼하고 싶은 마음이 있니? 마님께서 네 배필을 정해 주셨단다."

"네, 가브릴라 안드레이치 씨. 그런데 마님께서 누구를 제 남편감으로 정하셨나요?" 타티아나가 물었다.

"제화공 카피톤이야. 그 사람이 경박하긴 한데, 사실 바로 그 이유 때문에 마님께서 너를 그 사람과 짝지어 주시기로 한 거야. 네가 그 사람에게 좋은 영향을 줄 거라고 생각하신단다." 가브릴라가 말했다.

"알겠습니다." 타티아나가 말했다.

"한 가지 문제가 있다." 늙은 하인장이 말을 이었다. "너도 알겠지만 게라심이 너를 쫓아다니잖니. 어쩌다가 그런 괴물 같은 자를 매혹시킨 거냐? 너와 카피톤 소식을 듣게 되면 아마 너를 죽이려 들 거다. 그자는 곰 같은 인간이야."

"그 사람이 절 죽일 거예요, 가브릴라 안드레이치 씨." 타티아나가 울부짖었다. "저를 죽일 거예요. 기필코 그러고 말 거예요."

P. 156 "너를 죽인다고?" 하인장이 되뇌었다. "그래, 그 점에 대해 깊고 넘

어가야겠다. 그자가 널 죽일 거라니 무슨 뜻으로 하는 말이냐? 그자가 너를 죽일 무슨 권리라도 있는 거냐? 말해봐."

"그 사람에게 그럴 권리가 있는지 없는지는 잘 모르겠어요. 하지만 저를 죽이려 들 거라는 건 알아요." 타티아나가 말했다.

"하지만 네가 그자에게 무슨 언질을 주거나 한 건 아니지, 그렇지?" 하인 장이 물었다.

"그건 아니에요." 타티아나가 대답했다.

하인장은 일이 분 동안 잠자코 있다가 이윽고 내뱉었다. "너는 참 소심한 아이로구나. 자, 이 얘기는 다음에 다시 하기로 하자. 이제 그만 가보거라, 타뉴샤."

타티아나는 돌아서서 방을 나갔다.

하인장은 생각했다. '어쩌면 내일쯤이면 마님이 이 결혼 건에 대해 깡그리 잊어 버리실지도 몰라. 어쩌면 내가 괜한 걱정을 하고 있는지도 모른다고! 게라심이야 어쩔 수 없게 되면 녀석을 꽁꽁 묶어 버리거나, 경찰에 위험한 놈이라고 신고해 버리면 그만이지.'

그 날 타티아나는 온종일 세탁장에 틀어박혀 있다시피 했다. 처음에는 울음을 터뜨렸지만, 그러다가 눈물을 닦고 전처럼 일에 매달렸다. 카피톤은 친구 한 명을 붙잡고 신세 타령을 하며 밤 늦게까지 술집에 머물러 있었다. 친구는 별로 대꾸도 없이 듣기만 했고, 결국 두 사람은 말없이 우울하게 헤어졌다.

P. 157 그러는 동안 하인장의 기대는 빗나갔다. 늙은 과부는 카피톤의 결혼 계획을 잊지 않았다. 과부는 그 계획에 너무 들떠서 다른 이야기는 하지도 않았다. 가브릴라가 아침에 차를 마신 후 보고서를 들고 여주인에게 갔을 때 그녀는 제일 먼저 이렇게 물었다. "결혼 준비는 어떻게 돼가나?" 하인 장은 당사자 두 명 모두에게 여주인의 명령을 전해 주었다고 대답했다. 그는 카피톤이 그 날 마님에게 인사를 드리러 올 거라고 아뢰었다.

하인장은 자기 방으로 돌아와 회의를 열기 위해 하인들을 소집했다. 카피톤이 타티아나와 결혼하는 문제는 신중한 논의를 거칠 필요가 있었던 것이다. 하인들이 회의에 모여 있을 때 초대받지 못한 게라심은 부루퉁해 있었다. 회의 결과가 자기에게 피해를 줄 것으로 생각하는 듯했다. 그는 하녀들의 숙소 계단에 앉아 꼼짝도 하지 않았다. 카피톤은 회의 시작 전에 광에 가둬 놓았는데, 그가 회의 진행을 방해할까 봐 내린 조치였다.

P. 158 가브릴라는 모인 하인들에게 무엇이 문제인지 설명했다. 강제로라도 카피톤이 마님의 분부에 따르도록 하는 것은 어려운 일이 아니었다. 하지만 게라심은 쉬운 문제가 아니었다! 게라심이 모든 사람을, 특히 신혼부부를 못살게 괴롭힐 것이 뻔했다. 그렇게 되면 여주인이 화를 낼 것이다. 그런 일은 생각도 할 수 없었다! 어떻게 해야 할까? 그들은 궁리에 궁리를 거듭했고, 결국 해결책 하나를 찾아냈다.

게라심이 술주정뱅이들을 참지 못하는 것은 누구나 알고 있었다. 앉아서 문을 지키고 있다가도 누구라도 비틀거리는 걸음으로 지나가면 역겨워하며 고개를 돌리곤 했다. 하인들은 타티아나가 술 취한 척하며 게라심 옆을 비틀거리며 지나가도록 해야 한다는 결정을 내렸다. 그러면 문지기는 역겨워하며 그녀에게서 고개를 돌릴 테고, 그렇게 되면 결혼식이 아무런 방해도 받지 않고 잘 치러질 수 있을 것이다. 불쌍한 타티아나는 그런 계획에 동의하지 못하겠다고 한참을 버텼지만, 결국 하인들에게 설득당하고 말았다. 그녀도 그것만이 게라심의 반갑지 않은 관심에서 벗어날 유일한 방법이라는 생각이 들었던 것이다. 그녀는 회의가 끝나자 그 계획을 실행에 옮겼다.

하인들은 구석마다 숨어서, 혹은 창문 뒤 차양 사이로 마당을 내다보았다. 게라심이 평소와 다름없이 문가에 앉아 삽으로 바닥을 긁어대고 있는 것이 보였다. 하인들이 지켜보는 가운데 타티아나가 비틀거리며 집에서 나왔다.

P. 159 그녀를 보자 게라심은 처음에는 평소처럼 고개를 끄덕이면서 다정하게 웅얼거리는 소리를 냈다. 그런데 그녀를 유심히 쳐다보더니 삽을 내던졌다. 그리고는 벌떡 일어나 그녀에게 다가가서 얼굴을 가까이 들여다보았다. 타티아나는 놀란 나머지 전보다 더 심하게 비틀거렸고 두 눈을 감아 버렸다.

게라심은 그녀의 팔을 잡고 마당을 가로질러 회의가 열렸던 방으로 거칠게 끌고 들어갔다. 게라심이 그녀를 카피톤 쪽으로 밀었을 때 그녀는 기절하고 말았다. 게라심은 잠시 그녀를 바라보았다. 그러더니 손을 흔들고 웃음을 터뜨리더니 자신의 다락방으로 올라가 버렸다. 계략은 하인들의 기대

이상으로 성공적으로 끝났다.

게라심은 그 후 꼬박 24시간 동안 방 밖으로 나오지 않았다. 하인 중 한 사람인 안티프카가 다락방 벽에 난 틈으로 게라심을 몰래 지켜보았다. 문지기는 침대에 앉아 얼굴을 두 손에 묻고 있었다. 이따금 눈을 감은 채 몸을 앞뒤로 흔들면서 낮은 소리로 웅얼거렸다. 안티프카는 그 모습에 질려서 얼마 안 가 지켜보는 것을 그만두었다.

P. 160 다음날 게라심은 평소보다 침울한 모습이었지만 타티아나나 카피톤에게는 조금도 관심을 보이지 않았다. 일주일 후 두 사람은 결혼식을 올렸다. 결혼식 당일에도 게라심의 행동에 눈에 띄게 달라진 부분은 없었다. 다만 강에 물을 길러 갔다가 어쩌다 물통을 깨뜨렸다며 그냥 돌아왔다. 그리고 그 날 밤 마구간에서 자기 말을 어찌나 열심히 문질러댔는지 말이 똑바로 서 있기조차 힘들 지경이었다.

이 모든 일은 봄에 일어났다. 그로부터 한 해가 지났고, 그동안 카피톤은 구제불능의 술꾼이 되었다. 늙은 과부의 계획은 실패로 돌아갔다. 결혼을 해도 그의 버릇은 하나도 고쳐지지 않았던 것이다. 결국 여주인은 그를 타티아나와 함께 멀리 시골 마을로 쫓아 보내 농부로 살게 했다. 떠나는 날에 그는 처음에는 자신이 어디로 보내지든 상관하지 않는 척했다. 하지만 곧 자신이 무식한 사람들 사이에서 살도록 쫓겨난다며 불평을 늘어놓기 시작했다. 그러더니 완전히 주저앉아버려 모자를 쓰는 데도 사람들이 도와주어야 할 지경이 되었다.

카피톤과 타티아나가 여행길에 오를 채비를 마치자 게라심이 다락방에서 나왔다. 그는 곧장 타티아나에게 가서 그녀에게 붉은색 면 스카프를 이별의 선물로 주었다.

P. 161 타티아나는 감정을 주체할 수가 없었다. 일 년 동안 카피톤과 불행한 결혼생활을 견디어왔던 터라 게라심이 보여주는 친절에 그만 더는 참을 수가 없었던 것이다. 그녀는 울음을 터뜨리며 게라심에게 세 번이나 키스했다. 부부가 탄 수레가 마당을 벗어나자 게라심은 한동안 수레 옆을 따라갔다. 원래는 시의 관문까지 타티아나를 배웅할 작정이었지만 크림 여울에서 갑자기 걸음을 멈췄다. 그리고는 손을 흔들고 강변을 따라 걸어가 버렸다.

저녁 무렵이 되고 있었다. 게라심은 강물을 바라보며 천천히 걸었다. 그 때 갑자기 강둑 근처 진흙 속에서 뭔가가 물을 튀기고 있는 것이 보였다. 그가 몸을 굽히고 보았더니 흰색과 검정색이 섞인 작은 강아지였다. 강아지는 강물에서 나오려고 바둥거리고 있었지만 소용이 없었다. 아무리 애를 써도 계속 다시 물속으로 미끄러졌다. 강아지는 물에 젖은 앙상하고 작은 몸뚱이를 바들바들 떨고 있었다. 게라심은 그 가엾은 강아지를 들어올려 품속에 안고 서둘러 집으로 돌아와 다락방으로 올라갔다. 그는 강아지를 침대 위에 올려놓고 자신의 두꺼운 외투로 덮어 주었다.

P. 162 그런 다음 마구간으로 달려가 짚을 가져오고 부엌에 들러 우유 한 잔을 챙겨왔다. 다락방에 돌아온 그는 바닥에 짚을 펼친 다음 그 위에 웃옷을 깔아 강아지 침대를 만들었다.

불쌍한 강아지는 태어난 지 삼 주 정도 밖에 안 되어 보였다. 겨우 눈을 뜬 상태로 아직 젖도 못 뗀 강아지였다. 게라심이 우유 컵을 앞에 놓아주었지만 강아지는 그저 벌벌 떨기만 했다. 컵에 담긴 우유를 핥아 먹는 법을 아직 몰랐던 것이다. 게라심은 두 손가락으로 강아지 머리를 살짝 잡고 작은 코를 우유에 가져다 댔다.

P. 163 그러자 갑자기 강아지가 몸을 이리저리 흔들고 숨을 헐떡이면서 게 걸스럽게 핥아먹기 시작했다. 게라심은 그 모습을 지켜보면서 갑자기 큰 소리로 껄껄 웃었다. 그는 밤새껏 덮어주고 젖은 몸을 쓰다듬어 말려주면서 강아지를 돌봤다. 그러다 결국 강아지 옆에서 평온하고 행복하게 잠들었다.

세상 어떤 어머니도 게라심이 그의 강아지를 돌보는 만큼 그렇게 정성 들여 자신의 아기를 돌볼 수는 없었을 것이다. 그 암컷 강아지는 처음에는 매우 약하고 비실비실하고 볼품없었다. 그런데 점차 튼튼해지고 모양도 예뻐졌다. 8개월이 지나자 강아지는 아주 멋진 모습의 스패니얼 종 개로 변했다. 길고 보드라운 귀와, 털이 복슬복슬한 구부러진 꼬리에, 크고 표정이 풍부한 눈을 하고 있었다. 개는 게라심에게 충성하면서 한시도 그의 곁에서 떨어지지 않았다. 그가 어딜 가든 꼬리를 살랑거리며 따라다녔다. 게라심은 비록 말은 못했지만 개에게 이름을 지어 주었고, 개는 그 소리에 반응했다. 게라심은 개를 무무라고 불렀다. 집안의 모든 하인들도 개를 예뻐하면서 역시 무무라고 불렀다. 개는 무척 영리했고 누구에게나 살갑게 굴었다. 하지만 정말로 따르는 사람은 오직 게라심뿐이었다.

P. 164 게라심도 무무를 너무나 사랑했기 때문에 다른 사람들이 개를 쓰다 듬어 주는 것을 좋아하지 않았다. 그가 개를 걱정하는 마음에서 그러는지, 아니면 그저 질투심에서 그러는지는 신만이 아실 일이었다. 개는 아침마다 옷을 잡아당겨 게라심을 깨우곤 했다. 마당에서는 늙은 말의 고삐를 입으로 물고 자기 주인에게로 데려왔다. 게라심이 매일 말을 끌고 강에 물을 길러 갈 때도 함께 쫓아다녔다. 개는 주인의 빗자루와 삽을 지켰고, 아무도 그의 다락방에 얼씬거리지 못하게 했다. 게라심은 방문에 개만 드나들 수 있을 정도 크기의 구멍을 뚫었다. 개는 방안에 들어오면 그대로 침대에 뛰어올라 몸을 잔뜩 웅크리고 잠을 잤다. 개에게는 다락방이 더할 수 없이 편안한 공간이었다.

무무는 밤에 전혀 잠을 자지 않았지만 웬만해서는 짖는 법이 없었다. 낯 선 사람이 담장에 너무 가까이 다가오거나 어떤 수상한 소리가 들릴 때만 짖었다. 무무는 파수꾼 역할을 훌륭히 해냈다. 마당에는 다른 개도 있었는 데 그 수캐는 항상, 심지어 한밤에도 사슬에 묶여 있었다. 사실 울프라는 이 름의 그 마당 개는 너무 늙고 약해서 스스로도 자유를 바라지 않는 것처럼 보였다. 울프는 언제나 개집 속에 잔뜩 웅크린 채 누워 있었으며, 아주 드물 게 맥없는 소리로 짖었다.

P. 165 무무는 여주인이 있는 안채에는 절대 들어가지 않았다. 게라심이 여주인의 거처에 장작을 나를 때는 밖에 남아서, 주인의 걸음 소리가 들리 지나 않을까 귀를 바짝 세우고 그를 초조하게 기다렸다.

또다시 한 해가 흘렀다. 게라심은 문지기 일을 계속하면서 자신의 운명에 만족하며 살았다. 그런데 그의 삶에 예기치 않은 일이 일어나 놀랍게 변하 고 말았다. 어느 화창한 여름날, 늙은 여주인이 하인들과 응접실에 있었다. 여주인은 기분이 좋은 상태여서 웃으며 농담을 했다. 하인들도 웃으며 농담 을 했지만 특별히 즐거웠기 때문이 아니었다. 아무도 여주인의 즐거운 기분 을 반기지 않았다. 여주인은 누구라도 자신의 농담에 신나게 웃지 않으면 단박에 불같이 화를 냈기 때문이었다. 게다가 여주인의 들뜬 기분은 절대 오래 가는 법이 없었고, 이내 성마르고 우울한 기분으로 변해 버리기 마련 이었다. 이 날 아침 과부는 일찍 눈을 떠서, 아침마다 늘 하듯이 카드로 자 신의 운명을 점쳤다. 카드에서는 네 장의 잭이 나왔다.

P. 166 그것은 좋은 징조였다. 그녀의 바람이 모두 이루어질 거라는 뜻이었기 때문이었다. 여주인은 오늘따라 아침식사가 유난히 맛있게 느껴져서 하녀에게 상으로 칭찬과 함께 돈까지 조금 쥐어 주었다. 여기까지는 늙은 과부의 하루가 거의 완벽하게 흘러갔다.

여주인은 쭈글쭈글한 입술에 부드러운 미소를 띤 채 응접실 창가로 걸어갔다. 창문 앞에 꽃밭이 있었고, 거기 장미덩굴 아래에 무무가 누워 있었다. 무무는 정신 없이 뼈다귀를 갉아먹고 있었다. 과부가 무무를 발견했다.

"이런 세상에!" 과부가 갑자기 가장 가까이 서 있던 하녀에게 외쳤다. "저 개는 뭐야?"

하녀는 어떻게 대답해야 할지 몰라 망설였다. 게라심의 개라는 말을 들으면 여주인이 어떻게 반응할지 알 수 없었기 때문이었다.

마침내 하녀가 더듬거리며 말했다. "모… 모… 모르겠습니다. 제 생각에는 벙어리가 키우는 개 같은데요."

"세상에나!" 여주인이 말했다. "정말 귀여운 개야! 저 개를 데려오도록 해. 벙어리가 개를 오래 데리고 있었나? 어떻게 그동안 내 눈에는 한 번도 안 띄었지? 지금 당장 개를 데려오도록 해."

하녀는 즉시 현관으로 달려갔다.

"스테판!" 그녀가 하인에게 외쳤다. "당장 무무를 데려와!

P. 167 개는 꽃밭에 있어."

여주인이 말했다. "아! 개 이름이 무무였군. 아주 괜찮은 이름인데."

"그럼요, 아주 괜찮고 말고요!" 하녀는 이렇게 말하고 다시 외쳤다. "서둘러, 스테판!"

스테판은 꽃밭으로 뛰어나가 무무를 잡으려고 했다. 하지만 무무는 너무나 민첩했다! 무무는 꼬리를 발딱 세운 채 부엌에 있던 게라심에게로 도망쳤다. 스테판이 뒤쫓아가서 주인 발치에 있는 무무를 잡으려고 애썼다. 게라심은 개가 껑충거리며 빠져나가는 모습을 웃으면서 바라보았다. 스테판은 그에게 손짓으로 여주인이 개를 데려오란다고 서둘러 설명했다. 게라심은 다소 놀란 눈치였지만 무무를 불렀다. 그런 다음 개를 들어올려 스테판에게 건네 주었다. 하인은 무무를 응접실로 데리고 와 마룻바닥에 내려놓았다.

여주인은 부드러운 목소리로 개를 부르기 시작했다. 하지만 한 번도 여주인이 사는 안채에 들어와 본 적이 없는 무무는 겁에 질리고 말았다. 문을 향해 달음박질쳤지만 스테판이 막아 섰다.

P. 168 무무는 벌벌 떨면서 벽에 바싹 달라붙어 몸을 웅크렸다.

"무무, 무무, 네 주인에게로 오너라. 자, 바보 같기는. 무서워할 것 없어." 여주인이 말했다.

"이리 와, 무무, 마님께로 가라. 가라니까!" 스테판이 여주인의 말을 따라 했다.

하지만 무무는 움직이지 않았다.

"개에게 먹을 것을 갖다 줘봐. 저런 멍청한 개가 있나! 주인에게 오려 하지 않잖아. 대체 뭘 무서워하는 거지?" 여주인이 말했다.

"마님이 아직 낯설어서 그래요." 하인 한 명이 소심한 목소리로 말했다.

스테판이 우유를 접시에 담아와 무무 앞에 놓았다. 하지만 겁에 질린 개는 냄새조차 맡으려 하지 않았다. 여전히 바들바들 떨면서 도망갈 길이 없나 사방을 둘러볼 뿐이었다.

"세상에, 정말 바보 같은 개도 다 있군!" 여주인이 말했다.

여주인은 개에게 다가가서 한 손을 내밀어 쓰다듬으려고 했다.

무무는 고개를 휙 돌리며 이빨을 드러냈다. 여주인은 황급히 손을 뺐다. 잠시 침묵이 흘렀다. 무무는 마치 불평을 하고는 잘못을 비는 것마냥 힘없이 낑낑거렸다.

P. 169 여주인이 눈살을 찌푸리며 개에게서 물러났다. 개의 갑작스러운 동작에 겁을 먹었던 것이다.

"마님께서 물리신 건 아니죠, 그렇죠?" 스테판이 외쳤다. "저런 세상에! 저런! 저런!"

"개를 저리 데려가." 여주인이 불쾌하다는 투로 말했다. "이런 지독한 개를 보았나! 정말 성질이 고약한 놈일세!"

과부는 몸을 돌려 침실로 향했다. 하인들은 겁이 나 서로를 쳐다보다가 여주인 뒤를 따라가려고 했다. 그러자 여주인이 걸음을 멈추고 돌아서서 차가운 눈초리로 그들을 쳐다보았다.

"왜들 나를 따라오는 거지? 난 너희들을 부른 적이 없어." 여주인은 이렇게 말하고 나가 버렸다.

스테판은 무무를 집어들어 문 밖에 서 있는 게라심의 발치로 내던졌다.

30분 후 안채는 정적에 휩싸였다. 여주인은 번개를 몰고오는 먹구름보다도 더 어두운 얼굴로 소파에 앉아 있었다. 그녀는 모두에게 입을 꾹 다물고, 카드놀이도 하지 않고, 불편한 심기로 밤을 보냈다. 그녀는 하녀들이 뿌려준 향수가 평소의 것과 다르고 베개에서 비누 냄새가 나는 것 같다며 의류 담당 하녀를 불러 침대보마다 냄새를 맡게 했다.

P. 170 여주인은 격분해 있었으며, 그 어떤 것에도 만족하질 못했다.

이튿날 아침 여주인은 평소보다 한 시간 먼저 가브릴라를 불러들였다.

"말 좀 해봐." 여주인은 그가 나타나자마자 말했다. "도대체 어떤 개가 우리 마당에서 밤새 짖어댄 거야? 그 때문에 잠을 못 잤잖아!"

"개라니요? 무슨 개 말씀이신지? 아마 벙어리가 키우는 개일 겁니다." 늙은 하인장이 말했다.

하인장의 목소리가 떨렸다.

"그것이 벙어리의 갠지 아닌지 그건 내가 알 바 아니야. 단지 내가 개 때문에 잠을 잘 수가 없었다고. 그리고 왜 이리 개들이 많은지 모르겠군! 이미 마당 개가 한 마리 있잖아, 안 그래?" 늙은 과부가 말했다.

"아, 네, 그렇습니다, 마님. 울프가 있지요." 하인장이 대답했다.

늙은 과부가 말했다. "그럼, 왜 다른 개가 필요해? 이 집안을 통솔하는 사람이 있기나 한 거야? 바로 그게 문제라고. 그리고 그 벙어리에게 왜 개가 필요한 거지? 누가 그자에게 내 마당에서 개를 키워도 된다고 허락해 줬어? 어제 내가 창가로 가보니 그 개가 꽃밭에 누워 있더라고. 더러운 뼈다귀를 갉아먹으면서 장미를 깔아뭉개고 있었단 말이야."

P. 171 여주인은 잠시 말을 멈췄다.

그리고 다시 말했다. "오늘 그 개를 없애버려. 내 말 알아들었어? 오늘 말이야. 이제 가봐. 나중에 다시 불러서 어떻게 됐는지 보고받을 테니까."

가브릴라는 물러났다.

하인장은 스테판에게 가서 그를 깨운 다음 귓속말로 뭔가 지시를 내렸다. 스테판은 그 지시를 들으면서 하품을 하는가 싶더니 웃음을 터뜨렸다. 그는 일어나 웃옷을 입고 장화를 신은 다음, 나가서 계단을 지키고 섰다. 5분 후, 등에 거대한 장작 다발을 진 게라심이 모습을 드러냈다. 언제나처럼 무무가

274

그의 옆을 종종거리며 따라오고 있었다. 게라심은 어깨로 밀어서 문을 열고 등짐 무게 때문에 비틀거리며 안채로 들어갔다. 무무는 평소대로 밖에 남아 주인을 기다렸다. 그런데 스테판이 갑자기 무무에게 달려들어 두 팔로 움켜 잡았다. 그는 모자도 갖춰 쓰지 않은 채 개를 안고 마당을 달음질쳐 나왔다. 그는 길에서 처음 만난 수레를 잡아타고 시장으로 갔다.

P. 172 거기서 그는 무무를 사겠다는 사람을 곧 발견했다. 그는 새 주인에게 적어도 일주일은 무무를 묶어놓아야 한다는 조건을 달고 개를 1실링에 팔아 넘겼다. 그리고는 집으로 돌아왔다. 그는 게라심과 마주칠까 봐 앞문으로 들어가기가 겁났다. 그래서 뒷골목으로 걸어 내려가 담장을 뛰어넘어 마당으로 들어갔다.

하지만 그의 불안은 괜한 것이었다. 게라심은 이미 마당에 없었다. 문지기는 안채에서 나오자마자 개가 없어진 것을 알았던 것이다. 무무가 주인을 기다리지 않은 적이 단 한 번도 없었기 때문이다. 게라심은 이리저리 뛰어다니며 개를 찾기 시작했고 큰 소리로 개의 이름을 불렀다. 그는 다락방에 뛰어올라가고 건초간도 살피고 길거리에도 나가보는 등 여기저기 헤매고 다녔다. 하지만 무무는 보이지 않았다! 게라심은 다른 하인들에게 가서 절망적인 표정으로 손짓을 해가며 무무의 행방을 물었다. 무무가 어떻게 되었는지 정말로 모르는 사람들은 그저 머리만 저었다. 무슨 일이 있었는지 아는 사람들도 웃기만 할 뿐 아무 말도 하지 않았다. 게라심은 마당 밖으로 달려나갔다.

그가 돌아왔을 때는 날이 어두워져 있었다. 그의 피곤한 얼굴과 더러워진 옷으로 볼 때 무무를 찾아 사방팔방 헤매고 다닌 것이 분명했다. 그는 여주인 집 창문을 마주보고 선 채 안채에서 일하는 하인 여럿이 모여 서 있는 계단 쪽을 쳐다보았다.

P. 173 그러더니 다시 한 번 개의 이름을 웅얼거렸다. 무무의 대답은 들리지 않았다. 하인들이 돌아서 가는 게라심의 모습을 지켜보았다. 아무도 웃지 않았고, 입을 여는 사람도 없었다. 다음날 아침, 안티프카는 벙어리가 밤새 신음하며 괴로워했다고 얘기했다.

다음날 하루 종일 게라심은 모습을 드러내지 않았다. 여주인은 가브릴라를 불러 자신의 명령대로 했는지 물었다. 그는 그대로 받들었다고 대답했다. 그 다음날 아침 게라심은 다락방에서 나와 자신이 맡은 일을 했다. 점심 때 들어와서 밥을 먹고는 아무에게도 인사말을 건네지 않고 다시 일을 나갔다. 가뜩이나 무표정하던 얼굴이 이제는 마치 돌처럼 굳어졌다. 저녁을 먹은 후 그는 다시 저택 밖으로 나갔지만 얼마 안 돼 돌아와 곧바로 건초간으로 올라갔다. 밤이 왔고 달빛이 밝았다. 게라심은 건초 위에 누워 몸을 이쪽저쪽으로 뒤척이면서 깊은 한숨을 내쉬고 있었다. 갑자기 무언가가 자신의 웃옷을 잡아당기는 것이 느껴졌다.

P. 174 그는 깜짝 놀랐지만 고개를 들지 않았다. 다시, 무언가가 아까보다 더 세게 그를 잡아당겼다. 벌떡 일어나보니, 끊어진 밧줄을 목에 둘둘 감은 무무가 와 있었다. 게라심은 기쁨의 탄성을 길게 내질렀다. 그는 무무를 들어올려 꼭 끌어안았고, 무무는 그의 코와 눈과 턱수염과 콧수염을 핥았다.

그는 한참 후에 살금살금 건초간을 내려왔다. 아무도 보는 사람이 없다는 확신이 들자 그는 다락방으로 갔다. 게라심은 개가 멀리 쫓겨난 것이 여주인의 명령이었다는 것을 벌써부터 짐작하고 있었다. 하인들이 그에게 손짓으로 무무가 늙은 과부에게 덤볐다고 일러주었기 때문이었다. 그는 어떻게 하면 여주인의 눈에 띄지 않게 무무를 지킬 수 있을까 궁리하기 시작했다.

일단 그는 무무에게 빵 조각을 먹인 다음 쓰다듬어 주고 잠을 재웠다. 그런 후 그는 밤새도록 자지 않고 개를 어떻게 숨길지 생각했다. 결국 온종일 개를 다락방에 남겨두고 가끔씩 들여다보기로 결심했다. 밤에만 데리고 나오기로 했다.

그는 자신의 낡은 외투로 문에 난 구멍을 틀어막아 무무가 방에서 나갈 수 없도록 했다.

P. 175 그리고 날이 채 밝기도 전에 마당에 나가 마치 아무 일도 없었던 것처럼 매일 하던 일을 하기 시작했다. 무무가 낑낑거리는 소리 때문에 탄로 날 거라는 생각은 미처 하지 못했던 것이다. 얼마 되지 않아 하인들 모두 무무가 돌아왔다는 것과 다락방에 갇혀 있다는 사실을 알게 되었다. 하지만 게라심과 개가 불쌍해서, 그에게는 자신들이 비밀을 안다는 내색을 하지 않았다. 하인장은 머리를 긁적이며 생각했다. '에라, 될 대로 되라지! 주인 마님만 눈치채지 않으시면 돼!'

게라심이 그 날처럼 그렇게 부지런을 떨며 일한 적이 한 번도 없었다. 그

276

는 온 마당을 쓸고 닦았으며, 잡초를 하나도 남김 없이 뽑았다. 또, 꽃밭의 울타리를 이루는 말뚝들을 죄다 뽑았다가 다시 박았다. 그가 어찌나 열심히 그리고 부지런히 일했던지 여주인까지도 그의 열성을 눈치챘을 정도였다. 이 날 낮 동안 게라심은 두 번이나 몰래 자기 방에 올라가 무무를 봤다. 이 윽고 밤이 됐을 때 그는 개와 함께 다락방에 누워 잠을 청했다. 새벽 두 시 가 되어서야 그는 개를 산책시키려고 마당으로 데리고 나갔다.

P. 176 그가 개와 함께 막 산책에서 돌아오려는데 담장 뒷골목에서 무언가 움직였다. 무무는 귀를 쫑긋 세우고 으르렁거리며 담장으로 갔다. 개는 킁 킁거리다가 요란하고 날카로운 소리로 짖어대기 시작했다. 그 때는 여주인 이 신경성 흥분 증세에 오랫동안 시달리다가 겨우 잠이 든 순간이었다. 갑 작스럽게 개가 짖는 소리에 여주인이 잠에서 깼다. 심장박동이 빨라지면서 그녀는 기절할 것만 같았다.

"얘들아, 얘들아!" 과부가 신음하며 외쳤다.

놀란 하녀들이 과부의 침실로 뛰어들어왔다.

과부가 말했다. " 내가 죽는구나! 그 놈의 개가 다시 왔어! 아이고, 의사를 불러라. 저 개, 저 놈의 개가 다시 왔어! 아이고!"

그러더니 베개 위로 벌렁 나자빠졌다.

하녀들은 주치의 하리톤의 숙소로 달려갔다. 이 의사는 실력이 형편없 지만 부드럽게 진맥하는 방법은 알고 있었다. 의사는 당장 와서 깃털을 태 워 방 안을 훈증 소독했다. 여주인이 눈을 뜨자 그는 신경을 안정시키는 약 이 담긴 포도주잔을 건넸다. 여주인은 순순히 잔을 받아 들이켰다. 그러더 니 울먹이는 소리로 개와 가브릴라와 자신의 신세에 대해 불평을 늘어놓기 시작했다. 자신은 불쌍한 노파라면서, 아무도 자기를 좋아하는 사람이 없으 며 다들 자기가 죽기만을 바란다고 했다.

P. 177 의사는 그저 조용히 서서 연민 어린 태도로 듣고 있는 척했다. 사실 그의 머릿속에는 자기 방의 따뜻하고 아늑한 침대 생각밖에는 없었다.

이런 일이 있는 내내 무무는 계속 짖어댔다. 게라심이 개를 담장에서 떼 어놓으려고 했지만 허사였다. "저기… 저기… 또 짖네." 여주인은 이렇게 신 음하며 또 기절했다. 의사가 하녀에게 뭐라고 속삭이자 하녀는 바깥 현관으 로 급히 나갔다. 그녀는 그곳에서 잠들어 있는 스테판을 흔들어 깨웠다. 스테판은 다시 가브릴라를 깨우러 달려갔고, 하인장은 노발대발하면서 집안 사람들을 모두 깨우라고 명령했다.

게라심이 담장에서 돌아섰더니 창가에 너울거리는 불빛과 그림자들이 보였다. 그는 큰일이 났음을 직감했다. 게라심은 무무를 집어들고 다락방으로 달려 올라가 문을 잠가 버렸다. 몇 분 후, 남자 다섯 명이 그의 방문을 두들겼다. 하지만 문에는 빗장이 걸려 있었고, 얼마 후 그들은 두드리는 것을 멈췄다. 가브릴라는 날이 밝을 때까지 모두 거기 남아 지키고 있으라고 했다.

P. 178 그리고 나서 그는 개가 돌아왔지만 현재 잡혀 있으니 내일 죽이겠다는 전갈을 마님에게 전했다. 의사가 진정제를 충분히 먹이지 않았더라면 여주인은 언제까지라도 불평을 해댔을 것이다. 약은 효과가 빨라서 15분 만에 늙은 과부는 깊고 평화롭게 잠이 들었다. 그러는 동안 게라심은 무무의 입을 단단히 틀어쥐고 침대에 누워 있었다.

다음날 아침 여주인은 평소보다 늦게 일어났다. 가브릴라는 결국 게라심의 다락방을 부수고 들어가라는 명령을 내리기 위해 여주인이 일어나기를 기다리고 있었다. 그는 여주인의 불같은 노여움이 떨어질 것을 각오하고 있었지만 그런 일은 일어나지 않았다. 여주인은 침대에 누운 채 말동무로 고용된 사람 중에 가장 나이 많은 류보프 류비모브나를 불러들였다. 늙은 과부는 자신이 마치 연약하고 무력하기 그지 없는 피해자나 된 척 꾸며대는 것을 좋아했다. 과부는 말동무의 동정을 얻어내려는 심보였지만 그 수작에 넘어가는 사람은 아무도 없었다.

여주인이 죽어가는 목소리로 말했다. "류보프 류비모브나, 내 꼴을 좀 봐. 가브릴라 안드레이치에게 가서 말 좀 해 줘. 정말이지 어떻게 그 인간이 여주인보다 그깟 못된 개의 생명을 더 중히 여길 수가 있지? 난 차마 믿을 수가 없어.

P. 179 나 대신 가브릴라 안드레이치에게 가봐."

류보프 류비모브나는 가브릴라의 방으로 갔다. 잠시 후, 한 무리의 사람들이 마당을 가로질러 게라심의 다락방으로 향하기 시작했다. 가브릴라가 모자를 손에 들고 앞장을 섰다. 다락방에 이르는 좁은 층계에 감시자 한 명이 앉아 있었다. 방문 앞에는 몽둥이를 든 두 사람의 감시자가 더 있었다.

가브릴라는 곧장 가서 주먹으로 문을 두드리며 외쳤다. "문 열어!"

불명확하게 개 짖는 소리가 났지만 다른 대답은 없었다.

"문 열어, 게라심!" 하인장이 다시 외쳤다.

스테판이 말했다. "가브릴라 안드레이치 씨, 아시다시피 저 놈은 귀머거리잖아요. 못 듣는다고요."

사람들이 모두 웃음을 터뜨렸다.

"그럼 어떻게 해?" 가브릴라가 말했다.

"보세요, 저기 문에 구멍이 나 있잖아요. 막대기로 헤집어 보세요." 스테판이 말했다.

가브릴라가 몸을 굽혔다.

P. 180 "놈이 구멍을 외투 같은 걸로 막아놓았어." 그가 말했다.

"그럼, 외투를 그냥 한 번 밀어 보세요. 그럼 방 안쪽으로 밀려 떨어질 거예요." 스테판이 말했다.

바로 그 때 희미하게 개 짖는 소리가 다시 들렸다.

"봐, 개가 알아서 짖는구나." 모여 섰던 사람들 중 누군가가 이렇게 말하자 모두 다시 웃음을 터뜨렸다.

가브릴라가 귀를 긁적였다.

"안 되겠어. 원한다면 자네가 한 번 외투를 쑤셔 넣어봐." 그가 스테판에게 말했다.

"좋습니다. 한 번 해볼게요." 하인이 말했다.

스테판은 막대기를 받아 들고 외투를 안쪽으로 밀면서 구멍 주변을 막대기로 휘저었다.

"이리 나와, 이리 나와!" 스테판이 외쳤다.

그가 계속 막대기를 휘젓고 있을 때 갑자기 방문이 획 열렸다. 모여 있던 사람들은 순식간에 가브릴라의 뒤를 따라 계단을 우르르 달려 내려갔다.

게라심은 두 손을 허리춤에 걸친 채 꼼짝 않고 문가에 버티고 섰다. 사람들은 계단 아래에 모두 모였다. 문지기가 그들을 내려다보았다. 붉은 농민 셔츠를 걸친 게라심은 마치 거인처럼 보였다. 가브릴라가 한 걸음 앞으로 나섰다.

"자, 이제, 불손한 짓 그만둬." 그가 말했다.

그는 손짓으로 게라심에게 여주인이 개를 데려오라며 계속 고집을 피우고 있고, 무무를 당장 넘겨야 한다고 설명하기 시작했다.

P. 181 게라심은 가브릴라를 쳐다보고 개를 가리킨 다음, 한 손으로 자신의 목 둘레를 빙 돌리며 마치 올가미를 꽉 조이는 시늉을 했다.

하인장이 고개를 끄덕이며 말했다. "그래, 그래, 그래, 그래야 돼."

게라심은 무무를 가리켰다. 무무는 주인 옆에서 아무것도 모르고 꼬리를 흔들고 있었다. 게라심은 목 둘레를 조이는 시늉을 다시 반복하더니 자기 가슴을 쳤다. 만약 무무가 죽어야 한다면 자신이 직접 죽이겠노라고 말하는 듯했다.

"하지만 자네 우릴 속이려는 게지." 가브릴라가 손짓으로 말했다.

게라심은 하인장을 쳐다보면서 조롱하듯 웃었다. 그리고 다시 자신의 가슴을 치고는 문을 쾅 닫았다.

모였던 사람들은 모두 말을 잃고 서로를 쳐다보았다.

"저게 무슨 뜻이야? 저자가 문을 걸어 잠갔어." 가브릴라가 말했다.

P. 182 스테판이 말했다. "그냥 내버려 두세요, 가브릴라 안드레이치 씨. 일단 자기가 약속했으니 그대로 할 겁니다. 아시겠지만 저자는 그런 자예요. 저자가 하는 약속이라면 틀림없는 겁니다. 저자는 우리들 같은 사람이 아니에요. 저자에겐 진실은 그저 진실이니까요. 맞아요, 정말 그래요."

다른 하인들도 그의 말에 동의했다.

가브릴라가 말했다. "글쎄, 그렇겠지. 두고 보지. 하지만 누군가 여기 남아서 문을 지켜야 돼. 예로쉬카!" 하인장은 소리를 지르며 정원사를 가리켰다. "예로쉬카, 몽둥이를 들고 여기 앉아 있다가 무슨 일이 생기면 당장 내게로 뛰어와!"

예로쉬카는 몽둥이를 집어들고 층계 맨아래에 앉았다.

하인들은 각자 일을 보러 돌아갔고 가브릴라는 자신의 숙소로 갔다. 그는 여주인에게 모든 것이 해결됐다는 말을 전달한 다음 만일을 대비해 경찰을 부르러 보냈다. 여주인은 손수건에 향수를 뿌려서 관자놀이에 대고 부볐다. 그리고 차를 조금 마시고 나서, 전에 복용한 수면제의 효과가 가시지 않았는지 다시 잠이 들었다.

한 시간 후, 다락방 문이 열리더니 게라심이 모습을 드러냈다. 그는 가장 좋은 옷으로 차려 입고 무무를 끈으로 묶어 데리고 나왔다. 예로쉬카는 그가 지나가도록 옆으로 비켜섰다. 게라심은 대문을 통과해 큰길 쪽으로 걸어가기 시작했다.

P. 183 가브릴라는 예로쉬카를 시켜 그의 뒤를 따라가게 했다. 정원사는 시킨 대로 했다. 멀리서 게라심이 개와 함께 식당으로 들어가는 것이 보였다. 예로쉬카는 몸을 숨기고 그가 다시 나오기를 기다렸다.

그 식당 사람들은 게라심을 잘 알았고 그가 하는 손짓도 다 알아들었다. 게라심은 고기가 든 양배추 수프를 주문한 뒤 식탁에 두 팔을 괸 채 앉았다. 무무는 주인이 앉은 의자 옆에 서서 영리한 눈으로 조용히 주인을 쳐다보고 있었다. 무무의 털은 방금 빗긴 것처럼 윤기가 나고 깔끔했다. 종업원이 게라심에게 수프를 가져다 주었다. 게라심은 빵을 부스러뜨려 수프 속에 넣고 고기를 잘게 썰었다. 그런 다음 접시를 바닥에 내려놓았다. 무무는 조그만 주둥이를 우아하게 가누고 음식을 얼굴에 묻히는 법 없이 먹기 시작했다. 게라심은 무무를 한참 동안 바라보았다. 갑자기 그의 눈에서 커다란 눈물이 두 방울 굴러 떨어졌다. 한 방울은 개의 머리에 떨어졌고, 다른 한 방울은 수프 속에 떨어졌다. 그는 한 손으로 얼굴을 가렸다. 무무는 접시의 음식을 반쯤 먹고 나서 입술을 핥으며 뒤로 물러났다.

P. 184 게라심은 자리에서 일어나 수프 값을 치른 다음 밖으로 나왔다. 종업원은 영문을 모르겠다는 표정으로 그의 뒷모습을 바라보았다. 문지기와 개가 음식점을 나서는 것을 본 예로쉬카는 그들과 어느 정도 거리가 벌어질 때까지 기다렸다가 다시 뒤를 밟기 시작했다.

게라심은 여전히 무무의 끈을 쥔 채 서두르지 않고 천천히 걸었다. 거리 모퉁이에 이르자 그는 깊이 생각에 잠긴 듯 가만히 멈춰 섰다. 그러더니 갑자기 빠른 걸음으로 크림 여울을 향해 출발했다. 여울로 가는 길에 그는 곁채를 짓고 있는 어느 집 마당으로 들어갔다. 거기서 벽돌 두 개를 집어들어 겨드랑이에 끼고 나왔다.

크림 여울에 다다르자 게라심은 노 젓는 배 두 척이 말뚝에 묶여 있는 곳으로 갔다. 그는 그 중 한 척에 무무를 데리고 올라탔다. 다리를 저는 노인이 마당 한 구석에 있는 헛간에서 나와 그를 향해 뭐라 소리쳤다. 하지만 게라심은 그저 고개만 끄덕였고, 열심히 노를 저으며 물결을 거슬러갔다. 그는 순식간에 강둑으로부터 180여 미터나 나아갔다. 노인은 잠시 서 있다가 다시 헛간으로 들어가 버렸다.

P. 185 게라심은 계속 노를 저었다. 모스크바 시내가 금세 뒤로 멀어졌다. 양쪽 강변을 따라 목초지와 숲과 채소밭들이 펼쳐졌다. 농부들의 초가집이 모습을 드러내기 시작하면서 시골 냄새가 풍겨왔다. 게라심은 갑자기 노를 내던지고 맞은편에 앉아 있는 무무 쪽으로 고개를 숙였다. 그는 억센 두 손을 무무의 등에 포개어 올려놓은 채 꼼짝도 않고 있었다. 그러는 동안 배는 물결을 타고 점점 다시 시내 쪽으로 흘러갔다. 마침내 게라심은 슬픔과 분노가 뒤섞인 얼굴로 몸을 일으켜 바로 앉았다. 그는 벽돌 두 개를 밧줄 한 끝에 묶고, 다른 끝은 올가미 모양으로 만들었다. 그는 올가미를 무무의 목에 건 다음 개를 강 위로 들어올렸다. 그는 마지막으로 무무를 쳐다보았다. 무무는 아무런 두려운 내색 없이 신뢰에 가득 찬 눈으로 그를 쳐다보며 꼬리를 살짝 흔들었다. 게라심은 고개를 돌리고 얼굴을 일그러뜨리더니 개를 놓았다. 게라심에게는 무무가 떨어지면서 날카롭게 짖는 소리도, 둔탁하게 텀벙 하는 물소리도, 아무 소리도 들리지 않았다. 그가 다시 눈을 떴을 때 보이는 것은 배에 와 부딪히는 작은 물결뿐이었다.

P. 186 강변에 있던 예로쉬카는 게라심이 시야에서 사라지자 집으로 돌아와 본 것을 전했다.

스테판이 말했다. "좋아, 그렇다면 그자가 개를 물에 빠뜨려 죽일 거예요. 그자는 뭔든지 일단 약속하면 그대로 밀고 나가거든요."

그 날 아무도 게라심을 보지 못했다. 그는 집에서 밥을 먹지 않았다. 해가 저물었고 하인들은 게라심 없이 저녁을 먹으러 모였다.

뚱뚱한 세탁부가 말했다. "게라심은 정말 이상한 작자야! 바보같이 개 한 마리를 두고 그렇게 속을 끓일 게 뭐람. 정말 이상하다니까!"

스테판이 숟가락으로 죽을 긁어 먹다가 말했다. "게라심이 왔다 갔어요."

"어떻게요? 언제요?" 하인 한 명이 물었다.

스테판이 말을 이었다. "두세 시간쯤 전에 대문 앞에서 그자를 봤어요. 마당에서 나오는 중이었어요. 개에 대해 물어보려고 했지만 기분이 그다지 좋아 보이지 않더라고요. 글쎄 나를 떼밀더라고요. 그저 지나가면서 나를 비키게 하려고 그런 것 같기는 한데 내 목을 너무 세게 때리지 뭐예요. 정말이지 그 인간 주먹이 워낙 크잖아요." 스테판은 웃음을 터뜨리면서 뒤통수를 문질렀다.

P. 188 다른 하인들 모두 스테판을 비웃었고, 저녁을 먹은 후 모두들 각자 잠자러 갔다.

한편, 어깨에 보따리를 지고 손에 지팡이를 든 어떤 거대한 형체 하나가 모스크바 시내를 벗어나고 있었다. 게라심이었다. 그는 부지런히 큰길에 접어들어 뒤도 돌아보지 않고 걸음을 재촉했다. 그는 고향으로 가고 있었다. 그는 불쌍한 무무를 물에 빠뜨려 죽인 후 다시 다락방으로 달려와 부리나케 몇 가지 물건을 꾸렸다. 모든 것을 담요 하나에 둘둘 말아 어깨에 짊어진 뒤 늙은 과부의 집을 나온 것이다.

그는 즐거운 결심을 품고 빠른 걸음으로 쉬지 않고 걸었다. 그의 눈은 똑바로 앞만 향하고 있었다. 그는 마치 늙은 어머니가 집에서 기다리고 있기나 한 듯, 그리고 어머니가 그를 부르고 있기나 한 듯 서둘러 걸었다. 여름밤은 고요하고 따뜻했다. 지평선 위 해가 진 자리에는 사라져가는 하루가 남긴 마지막 빛으로 계속 밝게 빛났다. 하지만 곧 주변이 캄캄해질 것이다.

메추라기들과 뜸부기들이 길 옆 숲 속에서 서로를 부르며 울었다. 게라심에게는 새 소리가 들리지 않았지만 들에서 익어가는 곡식이 풍기는 익숙한 냄새는 맡을 수 있었다. 그는 바람이 자신에게 불어와 머리와 수염을 간질이는 것을 느꼈다.

P. 189 그는 사자처럼 강하고 단호하게 계속 서둘러 걸었다. 해가 뜰 무렵, 그는 벌써 모스크바에서 48킬로미터나 벗어나 있었다.

이틀 후 그는 자신이 살던 고향 오두막집에 도착했다. 그는 성상 앞에서 기도를 올린 후 곧바로 마을 촌장을 뵈러 갔다. 늙은 촌장은 게라심을 보고 깜짝 놀랐지만, 건초 베기가 시작되었고 그의 건초 베는 실력은 최고였기 때문에 당장 그에게 낫을 내주며 건초를 베는 곳으로 보냈다. 농부들은 낫을 휘두르며 건초를 썩썩 베는 게라심의 모습과, 나중에 그가 한데 거둬들인 건초더미를 보고 놀라움을 금치 못했다.

게라심이 집을 떠난 다음날, 모스크바 집 하인들은 그가 없어졌다는 것을 눈치챘다. 그들은 다락방에 가서 방 안을 둘러보고 그의 물건들이 함께 사라진 것을 알았다. 하인들은 가브릴라에게 이 사실을 알렸다. 하인장은 와서 보고는 어깨를 으쓱했고, 벙어리가 달아났거나 아니면 멍청한 개를 따라

물에 몸을 던졌거나 둘 중의 하나라고 생각했다. 그들은 이 사실을 경찰에 알리고 여주인에게도 보고했다.

P. 190 여주인은 불같이 화를 내며 왈칵 눈물을 쏟았다. 과부는 게라심을 찾으라는 명령을 내렸고, 자신은 개를 죽이라는 명령을 내린 적이 절대 없다고 단언했다.

결국 게라심이 있는 시골에서 그가 그곳에 있다는 소식이 들어왔다. 여주인은 처음에는 당장 그를 모스크바로 다시 데려오라는 명령을 내렸다. 하지만 얼마 후, 그런 배은망덕한 괴물은 자기에게 전혀 필요 없다고 으름장을 놓았다. 그 후 오래지 않아 과부는 죽었고, 그녀의 상속자들은 게라심 따위는 안중에도 없었다.

P. 191 상속자들은 죽은 어머니의 다른 하인들도 해마다 소작료를 받는 조건으로 풀어 주었다.

그리고 게라심은 아직도 그의 외딴 오두막집에서 혼자 살고 있다. 그는 그 어느 때보다도 힘세고 건강하다. 그는 여전히 네 사람 몫의 일을 해내며 언제나 그랬듯이 진지하고 착실하다. 하지만 그의 이웃들은 그가 모스크바에서 돌아온 이후로 절대로 여자와 어울리는 법이 없고, 개도 한 마리 기르지 않는다는 걸 알게 됐다.

명작에서 찾은 생활영어

FIRST LOVE & MUMU

IVAN TURGENEV

돈이 조금이라도 있는 사람이라면 그런 집에 살지 않았을 것이다.

Even moderately well-off people would not have chosen to live there.

16세 소년 블라지미르가 부모님과 함께 여름을 나고 있는 별장 한 켠에 자세킨 공작부인과 그 딸이 세를 얻어 이사옵니다. 위 문장은 공작부인이라는 칭호가 걸맞지 않은 이들의 가난한 살림에 호기심을 갖게 된 블라지미르가 한 말이죠. 여기에 well-off 라는 표현이 등장하는데요, 돈 많은, 부유한, 잘사는 이라는 뜻입니다. 이외에 생활이 풍족하다는 의미를 가진 표현으로 well-to-do, in affluence, well-heeled, in easy circumstances도 있습니다.

He was born of a well-to-do family.
그는 부유한 가정에서 태어났다.

From my birth I had always lived in affluence.
나는 태어날 때부터 항상 풍족하게 살았다.

He seems rather well-heeled and is always wearing expensive clothes.
그는 사는 형편이 좋은지 항상 비싼 옷만 걸치고 다닌다.

She wrote many successful books, and is in easy circumstances.
그 여자는 집필한 책들이 여러 권 인기를 끈 덕분에 풍족하게 산다.

돈이 많거나 부유하다는 말, 이제 다양하게 표현할 수 있겠죠?
아래 dialog로 연습해 보기로 해요.

A : This man is remarkable!

B : Ah, the young man from New York who now
lives as a shepherd in the Himalayas.

A : Yes, and you know he is an only son of a
family in easy circumstances.

B : Maybe he has a different view about being
well-to-do.

A : 이 사람 정말 대단한데!

B : 히말라야에서 목동으로 산다는 뉴욕 출신 젊은이 말하는구나.

A : 게다가 아주 잘사는 집 외아들이래.

B : 잘산다는 개념이 남다른 사람인 것 같아.

나는 머리를 짜내 갖가지 방법을 모색했다.

I racked my brains
and made various plans.

별장 정원에서 지나이다를 본 블라지미르는 한눈에 그녀에게 반하고 맙니다. 그날 이후 도도하기 이를 데 없던 그녀의 모습이 블라지미르의 머릿속을 떠나지 않죠. 위 문장에 등장하는 rack one's brains 는 뭔가를 하려 애쓰며 머리를 짜내다, 궁리하다 라는 뜻인데요, 어떻게든 지나이다를 다시 만나고 싶어 애쓰는 블라지미르의 모습을 잘 표현해 주고 있습니다. 이와 비슷한 표현으로는 chew... over, put on one's thinking cap, put two and two together 등이 있습니다.

I racked my brains to discover what he was up to.
나는 그가 무슨 일을 꾸미고 있는지 알아내려고 머리를 쥐어짰다.

It gives the scientists plenty to chew over.
그 일로 해서 과학자들은 머리를 쥐어짜야 할 일이 많아졌다.

He put on his thinking cap and came up with a solution. 그는 심사숙고 끝에 해결책을 생각해냈다.

We've put two and two together about how to use the website effectively. 우리는 그 웹사이트를 어떻게 하면 효과적으로 활용할 수 있을지 여러 모로 궁리했다.

어때요, 이제 머리를 짜낸다는 표현을 자유롭게 할 수 있겠죠? 그럼 잊어버리지 않도록 아래 dialog로 다시 한 번 연습해 볼까요?

A : We put two and two together and came up with this idea.

B : It seems OK to me. I just hope the client's thoughts will be the same as ours this time.

A : Well, we've really racked our brains.

B : Let's keep the fingers crossed that our efforts won't be wasted.

A : 우리가 머리를 모아 이런 아이디어를 냈어요.

B : 제가 보기엔 좋은데요. 이번에는 고객들이 우리 생각과 같기를 바랄 뿐이죠.

A : 그래요. 우리가 정말 열심히 머리를 짜냈거든요.

B : 우리 노력이 수포로 돌아가지 않도록 좋은 결과를 기대합시다.

그녀가 눈을 최대한 크게 뜨면 얼굴 분위기가 완전히 변했다.

When her eyes opened to their full extent, her face was completely changed.

블라지미르는 어머니의 심부름으로 공작부인 집에 갔다가 드디어 지나이다를 만나게 됩니다. 지나이다와 털실을 감다 쳐다 본 그녀의 풍부한 표정을 묘사한 위 문장에서 최대한이라는 뜻으로 to one's full extent라는 표현이 등장하는데요, '정도, 범위, 한계'라는 뜻을 가진 extent라는 단어는 이처럼 전치사 to와 결합해서 여러 가지 요긴한 뜻을 만듭니다.

He helped me work to my full extent.
그는 내가 능력껏 일할 수 있도록 도와줬다.

You can trust her to some extent.
어느 정도까지는 그녀를 믿어도 됩니다.

To what extent was he involved in the affair?
그는 그 일에 어느 정도 연루되었나요?

The hat was badly damaged, to such an extent that you couldn't tell its original shape.
모자는 너무 심하게 망가져서 원래의 모습을 가늠할 수 없을 정도였다.

그럼 extent를 활용한 표현들, 아래 dialog로 다시 한 번 볼까요?

A : This map is too complicated.

B : Zoom it to the full extent.

A : Well, that makes these narrow streets blur, to such an extent that I can't figure out where they begin or end. There must be a way to make this clearer.

B : That's possible to some extent, I suppose. Let me try.

A : 이 지도 너무 복잡한데.

B : 최대한 확대해 봐.

A : 음, 그러니까 이런 좁은 길들은 흐릿해져서 시작이 어디고 끝이 어딘 지 모를 정도야. 선명하게 만드는 방법이 분명히 있을 텐데.

B : 어느 정도까지는 가능할지도 몰라. 내가 한번 해볼게.

그는 자신보다 신분이 낮은 여자와 결혼했다.
He had married beneath himself.

블라지미르의 어머니는 신분에 어울리지 않게 천박하고 뻔뻔한
자세킨 공작부인을 경멸합니다. 그때 블라지미르의 아버지는 지
금은 고인이 된 자세킨 공작이 젊은 시절 방탕한 생활 끝에 자신
의 신분에 미치지 못하는 배우자를 얻게 되었다고 말하죠. 위 문
장에서처럼 …보다 신분이 낮은 이라고 할 때 beneath oneself
라는 표현을 쓸 수 있는데요, 이처럼 '…밑에[아래에]'라는 뜻의
전치사 beneath는 뒤에 오는 명사와 결합하여 여러 다양한 표현
들을 만들어냅니다. 아래 예문으로 보실까요?

This book is beneath criticism.
이 책은 논할 가치도 없다.

He staggered beneath the blow.
그는 한 대 맞고 비틀거렸다.

This agency is beneath the government.
이 기관은 정부 산하 조직이다.

He turned back to his work, humming beneath
his breath.
그는 낮은 목소리로 흥얼거리며 다시 일하러 갔다.

beneath로 만드는 유용한 표현들, 아래 dialog로 다시 한 번 살펴볼까요?

A : Last night we found a big dog injured on the street.

B : Really? What did you do?

A : We took it to a vet immediately. You should have seen John stagger beneath its weight.

B : Poor John!

A : He complained under his breath then, but now he's quite proud of what he did.

A : 어젯밤 큰 개 한 마리가 길에서 다친 채 있는 걸 봤어.

B : 그래? 그래서 어떻게 했어?

A : 당장 동물병원에 데려갔지. 존이 개를 업고 무거워 비틀거리는 모습을 너도 봤어야 하는데.

B : 불쌍한 존!

A : 존이 그때는 구시렁댔지만, 지금은 자기가 한 일을 꽤 자랑스러워해.

자, 그걸 가지고 자네를 흉볼 생각은 없네.

Well, I won't find fault with that.

의사 루신은 지나이다의 숭배자를 자처하며 공작부인 집을 드나드는 여러 남자들 중 한 사람입니다. 어느 날 그는 지나이다에 빠져 학업도 멀리하고 방황하는 블라지미르에게 더 마음 아픈 일을 겪기 전에 조심하라는 경고의 말을 합니다. 그 말에 블라지미르가 발끈하자 루신은 젊은 날의 열정을 탓할 생각은 없다는 뜻으로 위와 같이 말하죠. 이때 루신이 사용한 find fault with는 …을 흉보다(흠잡다)라는 뜻으로, criticize, pick on, speak ill of, pick holes(a hole) in 등으로도 같은 의미를 나타낼 수 있습니다.

It is easy to criticize.
남을 흉보기는 쉽다.

She felt that they were picking on her.
그녀는 그들이 쓸데없이 자기를 흠잡는다고 여겼다.

He spoke ill of me behind my back.
그는 내가 없을 때 내 흉을 보았다.

Since she has picked holes in my well-intended suggestion, I'm going to pick one in hers.
그녀가 내가 좋은 뜻으로 낸 의견을 흠잡으니 나도 그녀의 제안을 걸고 넘어져야겠다.

어때요, '…을 홍보다'는 표현도 다양하게 할 수 있겠네요. 그럼 아래 dialog처럼 생활회화에도 활용해 볼까요?

A : I don't think I can strike a deal with him.

B : Why is that? Is there some problem?

A : He always picks holes in whatever I say, and never agrees with anything.

B : Does he at least give any alternatives?

A : None whatsoever. You know, all he does is criticize.

A : 저 사람과는 어떤 결정도 내리지 못할 것 같아.

B : 왜 그래? 무슨 일 있어?

A : 내가 하는 말마다 흠을 잡고 다 반대해.

B : 적어도 뭔가 대안을 내놓기는 해?

A : 아니, 전혀. 그 사람이 하는 거라곤 흠잡는 것뿐이야.

그런데 문제가 좀 있네.

But there's one thing.

「무무」에서, 여주인은 하녀 타티아나를 자신의 제화공과 결혼시킬 작정을 합니다. 타티아나는 이야기의 주인공이자 황소 같은 힘을 가진 귀머거리 하인 게라심이 짝사랑하는 아가씨죠. 위 문장은 타티아나의 결혼 사실을 알게 되면 게라심이 어떤 일을 저지를지 몰라 난처해진 하인장이 제화공에게 한 말입니다. 이 문장에서 주목해야 할 것이 바로 one thing인데요, 한 가지 (주목할) 문제〔사항, 상황〕이란 뜻으로 another와 함께 쓰이는 경우가 많습니다.

Some say one thing, and others say another.
사람마다 하는 말이 다르다.

For one thing I don't have money, for another I'm too young.
우선 나는 돈이 없고, 그 다음에는 나이도 너무 어리다.

Knowing is one thing, and teaching is another.
아는 것과 가르치는 것은 전혀 다른 얘기다.

What with one thing and another, I completely forgot your birthday.
이런저런 일로 내가 네 생일을 까맣게 잊어버렸어.

활용도 높은 one thing, 적재적소에 활용하기 위해 아래 dialog
로 확실히 익혀둘까요?

A : It's such a long commute. I really need a car.
B : Then why don't you buy one?
A : Well, for one thing, I can't afford it.
B : But you could get a cheap used car.
A : That's the other problem. When I ask for
advice about buying a used car, some say
one thing and others say another.

A : 통근 거리가 너무 멀어. 나 같은 사람이야말로 차가 필요한데.
B : 그럼, 왜 차를 안 사는 거야?
A : 무엇보다 차를 살 형편이 못 되거든.
B : 그러면 중고차로 사면 되잖아.
A : 그것도 쉽지 않아. 중고차 사는 것에 대해 의견을 물으면 이 사람
저 사람 하는 얘기가 달라서 말이야.

THE CLASSIC HOUSE

offers
a wide range of world classics
in modern English.